EL MODELO CURRICULAR EN SECUNDARIA Y BACHILLERATO

Esteban Vázquez Cano

Ars Docendi

Colección Manuales Universitarios
Título
El modelo curricular en Secundaria y Bachillerato

Ars Docendi

Primera Edición: Diciembre 2013

Author © Esteban Vázquez Cano
Copyright © 2013 Ars Docendi
C/Andorra, 3
Madrid (28043)
All rights reserved.
Queda prohibida la reproducción total o parcial del contenido de este manual sin la autorización por escrito de Ars Docendi.
Printed by CreateSpace, Charleston, SC.

ISBN-10: 8493717010
ISBN-13: 978-8493717018

Prólogo

1. El marco normativo básico y las etapas educativas
. 11 .

2. Los objetivos y las competencias básicas
. 45 .

3. El modelo de desarrollo curricular
. 63 .

4. Los procesos metodológicos
. 77 .

5. Los modelos y procesos de evaluación
. 103 .

6. El alumnado con necesidad específica de apoyo educativo
. 125 .

7. La unidad didáctica
. 139 .

Referencias
. 165 .

Prólogo

En el actual sistema educativo, el hecho de entender el modelo curricular que subyace en cada etapa educativa es fundamental para poder programar y afrontar con eficacia el proceso de enseñanza-aprendizaje. El actual modelo curricular parte de tres principios fundamentales: *currículo abierto, flexibilidad y autonomía del centro educativo*. Esto implica que los centros escolares adoptan un papel de interpretación y adecuación del currículo a su contexto socioeducativo, a través de sus proyectos educativos, normas de convivencia y organización, sus programaciones didácticas y la propia práctica docente. Todo ello, con la finalidad esencial de ofrecer respuestas educativas adaptadas a las características y necesidades de la comunidad educativa de cada centro.

Programar ha sido y es en la actualidad una de las funciones docentes clave para el desarrollo eficaz del proceso de enseñanza-aprendizaje. El hecho de programar supone un proceso en el que es necesario conocer bien los modelos curriculares sobre los que se asienta la práctica educativa: marco normativo en el que se programa, las características socioafectivas y culturales de los alumnos a los que va dirigida la acción de programar y el conocimiento profundo y reflexionado sobre el hecho y los procesos metodológicos más equitativos e integradores.

A veces sucede que cuando nos enfrentamos a un programa educativo del tipo que sea, una batería de actividades, tareas o iniciativas se agolpan en nuestra cabeza y tratamos de hilvanar con y entre ellas un programa coherente. Y en muchas ocasiones, el resultado final es un cóctel de actividades que no convence ni a destinatarios ni a nosotros mismos como educadores. Empezar de una forma coherente significa planificar y organizar previamente nuestra intervención. Es probable que esto nos lleve algún tiempo más que ejercitar la improvisación pero el resultado final siempre será de mayor calidad.

La programación de la enseñanza es una parte o aspecto del diseño del currículo cuya responsabilidad recae de modo directo en el profesorado de un departamento o ciclo y que es consecuencia y viene limitada por una cadena de decisiones curriculares previas adoptadas en otros ámbitos o subsistemas de decisión curricular. Desde la perspectiva de la planificación previa, la función esencial que la programación o el diseño del currículo pretenden desempeñar es, básicamente, la de proponer un plan de acción que guíe y oriente los procesos y las actividades de enseñanza-aprendizaje al objeto de conseguir los objetivos propuestos.

Los profesores, como profesionales que han de desarrollar el currículo, no pueden supeditar la programación de su acción educativa a la intuición ni a la imitación de un libro de texto. Establecer la programación de la tarea anual y su proyección diaria es siempre un proyecto, cultural y didáctico que tiene un pasado, un análisis del presente y una proyección de futuro en determinado contenido y en cierta forma de trabajo curricular. Supone también una determinada síntesis del concepto, del método y de las fuentes que se poseen sobre la disciplina.

Para ello, el profesorado ha de conocer bien el contenido y la didáctica como disciplina, pues la programación debe poseer un orden lógico y didáctico de la materia, siempre dentro de la flexibilidad que ha de tener una programación para adaptarse a las diversas circunstancias específicas que suelen aparecer durante el desarrollo vertiginoso de la aplicación del programa.

En este proceso, la unidad didáctica es último nivel de intervención que un docente debe diseñar antes de enfrentarse con su alumnado. En la unidad didáctica se recogen los principios fundamentales que han servido de orientación, guía y desarrollo en la programación didáctica y que el docente en cuestión pone en práctica en su aula. Por lo tanto, se convierte en un documento que se tiene que caracterizar por una serie de requisitos básicos que podemos enunciar sintéticamente en los siguientes: viabilidad, practicidad y realidad de los planteamientos.

Una unidad didáctica debe dar respuesta a las diferentes situaciones, estilos de aprendizaje y niveles de desarrollo curricular y emocional del alumnado al que va destinada; desde estos presupuestos, debe poseer una organización lo más clara posible y ser lo suficientemente flexible para integrar una realidad multidimensional en ambas etapas.

El planteamiento de objetivos viables y reales por medio del tratamiento de contenidos con un balance entre lo teórico y lo práctico junto con un tratamiento eficaz de la educación en valores, de la atención a la diversidad y de una integración efectiva de las TIC, comunicación audiovisual, fomento de la lectura, etc.

Es, por lo tanto, la intención de este libro servir de referencia a lectores interesados en el hecho de entender qué modelo curricular subyace en las etapas de Enseñanza Secundaria Obligatoria y Bachillerato para poder así iniciar y desarrollar propuestas metodológicas creativas que no sólo sirvan para desarrollar contenidos teóricos, sino para adentrar al alumno de forma competencial en tareas de aplicación práctica que le resulten útiles en su presente y futuro personal, social, académico y profesional.

UNIDAD 1
EL MARCO NORMATIVO BÁSICO Y LAS ETAPAS EDUCATIVAS

El objetivo de esta unidad es que el lector adquiera un conocimiento básico de las disposiciones legislativas mínimas que requiere la comprensión del modelo curricular para la posterior materialización en el desarrollo de una programación y unidad didáctica en función de la comunidad autónoma en la que se desarrolle.

Es fundamental que el interesado conozca la Ley de educación y los diferentes reales decretos del Ministerio de Educación; por ejemplo, serían fundamentales los siguientes:
Ley orgánica para la mejora y de la calidad educativa. (Ley Orgánica 8/2013). LOMCE

Real decreto 83/1996 de 26 de enero, por el que se aprueba el Reglamento Orgánico de los Institutos de Educación secundaria (BOE de 21-2-1996). (*Modificado en diferentes comunidades autónomas por Decretos de Organización y Órdenes de funcionamiento*).

Real decreto 732/1995, de 5 mayo, por el que se establecen los derechos y deberes de los alumnos y las normas de convivencia en los centros (BOE 2-6-1995).

Asimismo, es necesario que el interesado sepa donde recurrir para acceder a la **legislación vigente de la comunidad autónoma** (Portales educativos de las diferentes Comunidades Autónomas).

El lector tiene que tener en consideración que la **legislación educativa suele ser muy cambiante y se requiere una consulta permanente; de ahí, que la actualización legislativa es fundamental a la hora de entender el modelo curricular de cada momento.**

1. MARCO NORMATIVO BÁSICO

Los documentos legislativos regulan la filosofía educativa que imprime un gobierno a la educación de un país y sienta las líneas de actuación básicas que regulan el marco educativo. Por lo tanto, **el marco legislativo será clave a la hora de asentar estrategias y planificar intenciones programáticas.**

1.1. CONTEXTO NORMATIVO GENERAL

1.1.1. La LOMCE (LEY ORGÁNICA PARA LA MEJORA Y DE LA CALIDAD EDUCATIVA). (Ley Orgánica 8/2013). Principios y Fines

Una buena forma de contextualizar las programaciones didácticas y entender el modelo curricular por el que apuesta el sistema educativo es posicionarse ante los principios y fines que persigue la ley educativa en vigor (LOMCE, 2013). Asimismo, una introducción o preámbulo a nuestras programaciones que tome en consideración la legislación y el contexto socio-educativo del centro en que se implantarán, orientará a los profesores, familias y alumnos en el proceso de enseñanza-aprendizaje asentado una filosofía educativa apropiada y adaptada al contexto.

Principios (Artículo 1-LOMCE)

El sistema educativo español, configurado de acuerdo con los valores de la Constitución y asentado en el respeto a los derechos y libertades reconocidos en ella, se inspira en los siguientes principios:

a) La calidad de la educación para todo el alumnado, independientemente de sus condiciones y circunstancias.
b) La equidad, que garantice la igualdad de oportunidades para el pleno desarrollo de la personalidad a través de la educación, la inclusión educativa, la igualdad de derechos y oportunidades que

ayuden a superar cualquier discriminación y la accesibilidad universal a la educación, y que actúe como elemento compensador de las desigualdades personales, culturales, económicas y sociales, con especial atención a las que se deriven de cualquier tipo de discapacidad.

c) La transmisión y puesta en práctica de valores que favorezcan la libertad personal, la responsabilidad, la ciudadanía democrática, la solidaridad, la tolerancia, la igualdad, el respeto y la justicia, así como que ayuden a superar cualquier tipo de discriminación.

d) La concepción de la educación como un aprendizaje permanente, que se desarrolla a lo largo de toda la vida.

e) La flexibilidad para adecuar la educación a la diversidad de aptitudes, intereses, expectativas y necesidades del alumnado, así como a los cambios que experimentan el alumnado y la sociedad.

f) La orientación educativa y profesional de los estudiantes, como medio necesario para el logro de una formación personalizada, que propicie una educación integral en conocimientos, destrezas y valores.

g) El esfuerzo individual y la motivación del alumnado.

h) El esfuerzo compartido por alumnado, familias, profesores, centros, Administraciones, instituciones y el conjunto de la sociedad.

h bis) El reconocimiento del papel que corresponde a los padres, madres y tutores legales como primeros responsables de la educación de sus hijos.

i) La autonomía para establecer y adecuar las actuaciones organizativas y curriculares en el marco de las competencias y responsabilidades que corresponden al Estado, a las Comunidades Autónomas, a las corporaciones locales y a los centros educativos.

j) La participación de la comunidad educativa en la organización, gobierno y funcionamiento de los centros docentes.

k) La educación para la prevención de conflictos y la resolución pacífica de los mismos, así como para la no violencia en todos los ámbitos de la vida personal, familiar y social, y en especial en el del acoso escolar.

l) El desarrollo, en la escuela, de los valores que fomenten la igualdad efectiva entre hombres y mujeres, así como la prevención de la violencia de género.
m) La consideración de la función docente como factor esencial de la calidad de la educación, el reconocimiento social del profesorado y el apoyo a su tarea.
n) El fomento y la promoción de la investigación, la experimentación y la innovación educativa.
ñ) La evaluación del conjunto del sistema educativo, tanto en su programación y organización y en los procesos de enseñanza y aprendizaje como en sus resultados.
o) La cooperación entre el Estado y las Comunidades Autónomas en la definición, aplicación y evaluación de las políticas educativas.
p) La cooperación y colaboración de las Administraciones educativas con las corporaciones locales en la planificación e implementación de la política educativa.
q) La libertad de enseñanza, que reconozca el derecho de los padres, madres y tutores legales a elegir el tipo de educación y el centro para sus hijos, en el marco de los principios constitucionales.

Fines (Artículo 2-LOMCE)

1. El sistema educativo español se orientará a la consecución de los siguientes fines:
a) El pleno desarrollo de la personalidad y de las capacidades de los alumnos.
b) La educación en el respeto de los derechos y libertades fundamentales, en la igualdad de derechos y oportunidades entre hombres y mujeres y en la igualdad de trato y no discriminación de las personas con discapacidad.
c) La educación en el ejercicio de la tolerancia y de la libertad dentro de los principios democráticos de convivencia, así como en la prevención de conflictos y la resolución pacífica de los mismos.
d) La educación en la responsabilidad individual y en el mérito y esfuerzo personal.

e) La formación para la paz, el respeto a los derechos humanos, la vida en común, la cohesión social, la cooperación y solidaridad entre los pueblos así como la adquisición de valores que propicien el respeto hacia los seres vivos y el medio ambiente, en particular al valor de los espacios forestales y el desarrollo sostenible.

f) El desarrollo de la capacidad de los alumnos para regular su propio aprendizaje, confiar en sus aptitudes y conocimientos, así como para desarrollar la creatividad, la iniciativa personal y el espíritu emprendedor.

g) La formación en el respeto y reconocimiento de la pluralidad lingüística y cultural de España y de la interculturalidad como un elemento enriquecedor de la sociedad.

h) La adquisición de hábitos intelectuales y técnicas de trabajo, de conocimientos científicos, técnicos, humanísticos, históricos y artísticos, así como el desarrollo de hábitos saludables, el ejercicio físico y el deporte.

i) La capacitación para el ejercicio de actividades profesionales.

j) La capacitación para la comunicación en la lengua oficial y cooficial, si la hubiere, y en una o más lenguas extranjeras.

k) La preparación para el ejercicio de la ciudadanía y para la participación activa en la vida económica, social y cultural, con actitud crítica y responsable y con capacidad de adaptación a las situaciones cambiantes de la sociedad del conocimiento.

Artículo 2 bis. Sistema Educativo Español.

1. A efectos de esta Ley Orgánica, se entiende por Sistema Educativo Español el conjunto de Administraciones educativas, profesionales de la educación y otros agentes, públicos y privados, que desarrollan funciones de regulación, de financiación o de prestación de servicios para el ejercicio del derecho a la educación en España, y los titulares de este derecho, así como el conjunto de relaciones, estructuras, medidas y acciones que se implementan para prestarlo.

2. Las Administraciones educativas son los órganos de la Administración General del Estado y de las Administraciones de las Comunidades Autónomas competentes en materia educativa.

3. Para la consecución de los fines previstos en el artículo 2, el Sistema Educativo Español contará, entre otros, con los siguientes instrumentos: comunidad educativa en la programación general de la enseñanza y de asesoramiento al Gobierno.

b) La Conferencia Sectorial de Educación, como órgano de cooperación entre el Estado y las Comunidades Autónomas.

c) Las mesas sectoriales de negociación de la enseñanza pública y de la enseñanza concertada que se constituyan.

d) El Sistema de Información Educativa.

e) El Sistema Estatal de Becas y Ayudas al Estudio, como garantía de la igualdad de oportunidades en el acceso a la educación.

4. El funcionamiento del Sistema Educativo Español se rige por los principios de calidad, cooperación, equidad, libertad de enseñanza, mérito, igualdad de oportunidades, no discriminación, eficiencia en la asignación de recursos públicos, transparencia y rendición de cuentas.

Los diferentes decretos de currículo de Secundaria y Bachillerato se pueden descargar desde las páginas *web* de las diferentes consejerías de educación. **Es fundamental para cualquier profesor o interesado en el modelo curricular de cada etapa educativa manejar los decretos de currículo para poder confeccionar la programación didáctica y las correspondientes unidades didácticas y establecer las pautas de actuación didácticas en sus procesos programáticos.** La implantación LOMCE se realizará atendiendo al siguiente calendario:

IMPLANTACION LOMCE	CURSOS
ESO	Cursos 1º y 3º: curso escolar 2015-2016. Cursos 2º y 4º: curso escolar 2016-2017.
BACHILLERATO	Curso 1º: curso escolar 2015-2016. Curso 2º: curso escolar 2016-2017.
FP BÁSICA	Curso 1º: curso escolar 2014-2015. Curso 2º: curso escolar 2015-2016.
FP	Las modificaciones introducidas en el currículo de los ciclos formativos de grado medio se implantarán al inicio de los ciclos, en el curso escolar 2015-2016. Las nuevas condiciones de acceso y admisión serán de aplicación en el curso escolar 2016-2017.

2. CARACTERÍSTICAS DE LAS ETAPAS EDUCATIVAS

2.1. LA ESO: MARCO NORMATIVO GENERAL

La etapa de Educación Secundaria Obligatoria tiene una serie de características definitorias que vienen expresadas en sus principios generales y fines. Hay que adecuar la programación didáctica a estos principios, teniendo presente el contexto socioeducativo de forma adecuada y progresiva en el centro escolar en el que se vaya a aplicar.

Artículo 22. *Principios generales*

1. La etapa de educación secundaria obligatoria comprende cuatro cursos, que se seguirán ordinariamente entre los doce y los dieciséis años de edad.
2. La finalidad de la educación secundaria obligatoria consiste en lograr que los alumnos y alumnas adquieran los elementos básicos de la cultura, especialmente en sus aspectos humanístico, artístico, científico y tecnológico; desarrollar y consolidar en ellos hábitos de

estudio y de trabajo; prepararles para su incorporación a estudios posteriores y para su inserción laboral y formarles para el ejercicio de sus derechos y obligaciones en la vida como ciudadanos.

3. En la educación secundaria obligatoria se prestará especial atención a la orientación educativa y profesional del alumnado.

4. La educación secundaria obligatoria se organizará de acuerdo con los principios de educación común y de atención a la diversidad del alumnado. Corresponde a las Administraciones educativas regular las medidas de atención a la diversidad, organizativas y curriculares, que permitan a los centros, en el ejercicio de su autonomía, una organización flexible de las enseñanzas.

5. Entre las medidas señaladas en el apartado anterior se contemplarán las adaptaciones del currículo, la integración de materias en ámbitos, los agrupamientos flexibles, los desdoblamientos de grupos, la oferta de materias optativas, programas de refuerzo y programas de tratamiento personalizado para el alumnado con necesidad específica de apoyo educativo.

6. En el marco de lo dispuesto en los apartados 4 y 5, los centros educativos tendrán autonomía para organizar los grupos y las materias de manera flexible y para adoptar las medidas de atención a la diversidad adecuadas a las características de su alumnado.

7. Las medidas de atención a la diversidad que adopten los centros estarán orientadas a la consecución de los objetivos de la educación secundaria obligatoria por parte de todo su alumnado y no podrán, en ningún caso, suponer una discriminación que les impida alcanzar dichos
objetivos y la titulación correspondiente.

Artículo 23 bis. Ciclos de Educación Secundaria Obligatoria.

La etapa de Educación Secundaria Obligatoria se organiza en materias y comprende dos ciclos, el primero de tres cursos escolares y el segundo de uno. El segundo ciclo o cuarto curso de la Educación Secundaria Obligatoria tendrá un carácter fundamentalmente propedéutico.

2.2. ORGANIZACIÓN DE LAS ENSEÑANZAS

La organización de la etapa de Secundaria se distribuye en dos ciclos, siendo el primero de tres años y el segundo de carácter orientador donde se podrá cursar para el comienzo al Bachillerato o para la iniciación a la Formación Básica.

Artículo 24. Organización del primer ciclo de Educación Secundaria Obligatoria.

1. Los alumnos y alumnas deben cursar las siguientes materias generales del bloque de asignaturas troncales en los cursos primero y segundo:
a) Biología y Geología en primer curso.
b) Física y Química en segundo curso.
c) Geografía e Historia en ambos cursos.
d) Lengua Castellana y Literatura en ambos cursos.
e) Matemáticas en ambos cursos.
f) Primera Lengua Extranjera en ambos cursos.

2. Los alumnos y alumnas deben cursar las siguientes materias generales del bloque de asignaturas troncales en el curso tercero:
a) Biología y Geología.
b) Física y Química.
c) Geografía e Historia.
d) Lengua Castellana y Literatura.
e) Primera Lengua Extranjera.

3. Como materia de opción, en el bloque de asignaturas troncales deberán cursar, bien Matemáticas Orientadas a las Enseñanzas Académicas, o bien Matemáticas Orientadas a las Enseñanzas Aplicadas, a elección de los padres, madres o tutores legales o, en su caso, de los alumnos y alumnas.
4. Los alumnos y alumnas deben cursar las siguientes materias del bloque de asignaturas específicas en cada uno de los cursos:

a) Educación Física.

b) Religión, o Valores Éticos, a elección de los padres, madres o tutores legales o, en su caso, del alumno o alumna.

c) En función de la regulación y de la programación de la oferta educativa que establezca cada Administración educativa y, en su caso, de la oferta de los centros docentes, un mínimo de una y, máximo de cuatro, de las siguientes materias del bloque de asignaturas específicas, que podrán
ser diferentes en cada uno de los cursos:

1.º) Cultura Clásica.
2.º) Educación Plástica, Visual y Audiovisual.
3.º) Iniciación a la Actividad Emprendedora y Empresarial.
4.º) Música.
5.º) Segunda Lengua Extranjera.
6.º) Tecnología.
7.º) Religión, sólo si los padres, madres o tutores legales o, en su caso, el alumno o alumna no la han escogido en la elección indicada en el apartado 4.b).
8.º) Valores Éticos, sólo si los padres, madres o tutores legales o, en su caso, el alumno o alumna no la han escogido en la elección indicada en el apartado 4.b).

5. Los alumnos y alumnas deben cursar la materia Lengua Cooficial y Literatura del bloque de asignaturas de libre configuración autonómica en aquellas Comunidades Autónomas que posean dicha lengua cooficial, si bien podrán estar exentos de cursar o de ser evaluados de dicha materia en las condiciones establecidas en la normativa autonómica correspondiente. La materia Lengua Cooficial y Literatura recibirá un tratamiento análogo al de la materia Lengua Castellana y Literatura. Además, en función de la regulación y de la programación de la oferta educativa que establezca cada Administración educativa y, en su caso, de la oferta de los centros docentes, los alumnos y alumnas podrán cursar alguna materia más en el bloque de asignaturas de libre configuración autonómica, que podrán ser materias del bloque de asignaturas específicas no cursadas, o materias a determinar. Estas

materias del bloque de asignaturas de libre configuración autonómica podrán ser diferentes en cada uno de los cursos.

6. Sin perjuicio de su tratamiento específico en algunas de las materias del ciclo, la comprensión lectora, la expresión oral y escrita, la comunicación audiovisual, las Tecnologías de la Información y la Comunicación, el emprendimiento y la educación cívica y constitucional se trabajarán en todas las materias.

7. Con el fin de facilitar el tránsito del alumnado entre la Educación Primaria y el primer curso de Educación Secundaria Obligatoria, las Administraciones educativas y, en su caso, los centros docentes, podrán agrupar las materias del primer curso en ámbitos de conocimiento.

Artículo 25. Organización de cuarto curso de Educación Secundaria Obligatoria.

1. Los padres, madres o tutores legales o, en su caso, los alumnos y alumnas podrán escoger cursar el cuarto curso de la Educación Secundaria Obligatoria por una de las dos siguientes opciones:
a) Opción de enseñanzas académicas para la iniciación al Bachillerato.
b) Opción de enseñanzas aplicadas para la iniciación a la Formación Profesional.
A estos efectos, no serán vinculantes las opciones cursadas en tercer curso de Educación Secundaria Obligatoria.

2. En la opción de enseñanzas académicas, los alumnos y alumnas deben cursar las siguientes materias generales del bloque de asignaturas troncales:
a) Geografía e Historia.
b) Lengua Castellana y Literatura.
c) Matemáticas Orientadas a las Enseñanzas Académicas.
d) Primera Lengua Extranjera.

3. En función de la regulación y de la programación de la oferta educativa que establezca cada Administración educativa y, en su

caso, de la oferta de los centros docentes, los alumnos y alumnas deben cursar al menos dos materias de entre las siguientes materias de opción del bloque de asignaturas troncales:

1.º) Biología y Geología.
2.º) Economía.
3.º) Física y Química.
4.º) Latín.

4. En la opción de enseñanzas aplicadas, los alumnos y alumnas deben cursar las siguientes materias generales del bloque de asignaturas troncales:

a) Geografía e Historia.
b) Lengua Castellana y Literatura.
c) Matemáticas Orientadas a las Enseñanzas Aplicadas.
d) Primera Lengua Extranjera.

5. En función de la regulación y de la programación de la oferta educativa que establezca cada Administración educativa y, en su caso, de la oferta de los centros docentes, los alumnos y alumnas deben cursar al menos dos materias de entre las siguientes materias de opción del bloque de asignaturas troncales:

1.º) Ciencias Aplicadas a la Actividad Profesional.
2.º) Iniciación a la Actividad Emprendedora y Empresarial.
3.º) Tecnología.

6. Los alumnos y alumnas deben cursar las siguientes materias del bloque de asignaturas específicas:

a) Educación Física.
b) Religión, o Valores Éticos, a elección de los padres, madres o tutores legales o en su caso del alumno o alumna.
c) En función de la regulación y de la programación de la oferta educativa que establezca cada Administración educativa y en su caso de la oferta de los centros docentes, un mínimo de una y máximo de cuatro materias de las siguientes del bloque de asignaturas específicas:

1.º) Artes Escénicas y Danza.
2.º) Cultura Científica.
3.º) Cultura Clásica.

4.º) Educación Plástica, Visual y Audiovisual.
5.º) Filosofía.
6.º) Música.
7.º) Segunda Lengua Extranjera.
8.º) Tecnologías de la Información y la Comunicación.
9.º) Religión, sólo si los padres, madres o tutores legales o en su caso el alumno o alumna no la han escogido en la elección indicada en el apartado 6.b).
10.º) Valores Éticos, sólo si los padres, madres o tutores legales o en su caso el alumno o alumna no la han escogido en la elección indicada en el apartado 6.b).
11.º) Una materia del bloque de asignaturas troncales no cursada por el alumno o alumna.

7. Los alumnos y alumnas deben cursar la materia Lengua Cooficial y Literatura en el bloque de asignaturas de libre configuración autonómica en aquellas Comunidades Autónomas que posean dicha lengua cooficial, si bien podrán estar exentos de cursar o de ser evaluados de dicha materia en las condiciones establecidas en la normativa autonómica correspondiente. La materia Lengua Cooficial y Literatura recibirá un tratamiento análogo al de la materia Lengua Castellana y Literatura. Además, en función de la regulación y de la programación de la oferta educativa que establezca cada Administración educativa y en su caso de la oferta de los centros docentes, los alumnos y alumnas podrán cursar alguna materia más en el bloque de asignaturas de libre configuración autonómica, que podrán ser materias del bloque de asignaturas específicas no cursadas, materias de ampliación de los contenidos de alguna de las materias de los bloques de asignaturas troncales o específicas, o materias a determinar.

8. Sin perjuicio de su tratamiento específico en algunas de las materias de este curso, la comprensión lectora, la expresión oral y escrita, la comunicación audiovisual, las Tecnologías de la Información y la Comunicación, el emprendimiento y la educación cívica y constitucional se trabajarán en todas las materias.

9. Las Administraciones educativas y, en su caso, los centros podrán elaborar itinerarios para orientar a los alumnos y alumnas en la elección de las materias troncales de opción.

10. El alumnado deberá poder lograr los objetivos de la etapa y alcanzar el grado de adquisición de las competencias correspondientes tanto por la opción de enseñanzas académicas como por la de enseñanzas aplicadas.

> El punto 8 es fundamental tomarlo en consideración para el desarrollo curricular y su materialización en las programaciones y unidades didácticas.

Artículo 26. Principios pedagógicos de la ESO

1. Los centros elaborarán sus propuestas pedagógicas para esta etapa desde la consideración de la atención a la diversidad y del acceso de todo el alumnado a la educación común. Asimismo, arbitrarán métodos que tengan en cuenta los diferentes ritmos de aprendizaje de los alumnos, favorezcan la capacidad de aprender por sí mismos y promuevan el trabajo en equipo.

2. En esta etapa se prestará una atención especial a la adquisición y el desarrollo de las competencias básicas y se fomentará la correcta expresión oral y escrita y el uso de las matemáticas. A fin de promover el hábito de la lectura, se dedicará un tiempo a la misma en la práctica docente de todas las materias.

3. Las Administraciones educativas establecerán las condiciones que permitan que, en los primeros cursos de la etapa, los profesores con la debida cualificación impartan más de una materia al mismo grupo de alumnos.

4. Corresponde a las Administraciones educativas promover las medidas necesarias para que la tutoría personal de los alumnos y la orientación educativa, psicopedagógica y profesional, constituyan un elemento fundamental en la ordenación de esta etapa.

5. Asimismo, corresponde a las Administraciones educativas regular soluciones específicas para la atención de aquellos alumnos que manifiesten dificultades especiales de aprendizaje o de integración en la actividad ordinaria de los centros, de los alumnos de alta capacidad intelectual y de los alumnos con discapacidad.

6. En el proceso de aprendizaje de lengua extranjera, la lengua castellana o la lengua cooficial sólo se utilizarán como apoyo. Se priorizarán la comprensión y expresión oral. Se establecerán medidas de flexibilización y alternativas metodológicas en la enseñanza y evaluación de la lengua extranjera para el alumnado con discapacidad, en especial para aquél que presenta dificultades en su expresión oral. Estas adaptaciones en ningún caso se tendrán en cuenta para minorar las calificaciones obtenidas.

Artículo 27. Programas de mejora del aprendizaje y del rendimiento.

1. El Gobierno definirá las condiciones básicas para establecer los requisitos de los programas de mejora del aprendizaje y del rendimiento que se desarrollarán **a partir de 2.º curso de la Educación Secundaria Obligatoria**. En este supuesto, se utilizará una metodología específica a través de una organización de contenidos, actividades prácticas y, en su caso, de materias diferente a la establecida con carácter general, con la finalidad de que los alumnos y alumnas puedan cursar el cuarto curso por la vía ordinaria y obtengan el título de Graduado en Educación Secundaria Obligatoria.

2. El equipo docente podrá proponer a los padres, madres o tutores legales la incorporación a un programa de mejora del aprendizaje y del rendimiento de aquellos alumnos y alumnas que hayan repetido al menos un curso en cualquier etapa, y que una vez cursado el primer curso de Educación Secundaria Obligatoria no estén en condiciones de promocionar al segundo curso, o que una vez cursado segundo curso no estén en condiciones de promocionar al tercero. El programa se desarrollará a lo largo de los cursos segundo

y tercero en el primer supuesto, o sólo en tercer curso en el segundo supuesto. Aquellos alumnos y alumnas que, habiendo cursado tercer curso de Educación Secundaria Obligatoria, no estén en condiciones de promocionar al cuarto curso, podrán incorporarse excepcionalmente a un programa de mejora del aprendizaje y del rendimiento para repetir tercer curso.

3. Estos programas irán dirigidos preferentemente a aquellos alumnos y alumnas que presenten dificultades relevantes de aprendizaje no imputables a falta de estudio o esfuerzo.

4. Las Administraciones educativas garantizarán al alumnado con discapacidad que participe en estos programas la disposición de los recursos de apoyo que, con carácter general, se prevean para este alumnado en el Sistema Educativo Español.

Artículo 28. Evaluación y promoción.

1. La evaluación del proceso de aprendizaje del alumnado de la Educación Secundaria Obligatoria será continua, formativa e integradora. Se establecerán las medidas más adecuadas para que las condiciones de realización de las evaluaciones se adapten a las necesidades del alumnado con necesidades educativas especiales.

2. Las decisiones sobre la promoción del alumnado de un curso a otro, dentro de la etapa, serán adoptadas de forma colegiada por el conjunto de profesores del alumno o alumna respectivo, atendiendo al logro de los objetivos y al grado de adquisición de las competencias correspondientes. Los alumnos y alumnas promocionarán de curso cuando hayan superado todas las materias cursadas o tengan evaluación negativa en dos materias como máximo, y repetirán curso cuando tengan evaluación negativa en tres o más materias, o en dos materias que sean Lengua Castellana y Literatura y Matemáticas de forma simultánea. De forma excepcional, podrá autorizarse la promoción de un alumno o alumna con evaluación negativa en tres materias cuando se den conjuntamente las siguientes condiciones:

a) que dos de las materias con evaluación negativa no sean simultáneamente Lengua Castellana y Literatura y Matemáticas,

b) que el equipo docente considere que la naturaleza de las materias con evaluación negativa no impide al alumno o alumna seguir con éxito el curso siguiente, que tiene expectativas favorables de recuperación y que la promoción beneficiará su evolución académica,

c) y que se apliquen al alumno o alumna las medidas de atención educativa propuestas en el consejo orientador al que se refiere el apartado 7 de este artículo. Podrá también autorizarse de forma excepcional la promoción de un alumno o alumna con evaluación negativa en dos materias que sean Lengua Castellana y Literatura y Matemáticas de forma simultánea cuando el equipo docente considere que el alumno o alumna puede seguir con éxito el curso siguiente, que tiene expectativas favorables de recuperación y que la promoción beneficiará su evolución académica, y siempre que se apliquen al alumno o alumna las medidas de atención educativa propuestas en el

consejo orientador al que se refiere el apartado 7 de este artículo. A los efectos de este apartado, sólo se computarán las materias que como mínimo el alumno o alumna debe cursar en cada uno de los bloques. Además, en relación con aquellos alumnos y alumnas que cursen Lengua Cooficial y Literatura, sólo se computará una materia en el bloque de asignaturas de libre configuración autonómica, con independencia de que dichos alumnos y alumnas puedan cursar más materias de dicho bloque. Las materias con la misma denominación en diferentes cursos de la Educación Secundaria Obligatoria se considerarán como materias distintas. La materia Lengua Cooficial y Literatura tendrá la misma consideración que la materia Lengua Castellana y Literatura en aquellas Comunidades Autónomas que posean lengua cooficial.

3. Con el fin de facilitar a los alumnos y alumnas la recuperación de las materias con evaluación negativa, las Administraciones educativas regularán las condiciones para que los centros organicen

las oportunas pruebas extraordinarias en las condiciones que determinen.

4. Quienes promocionen sin haber superado todas las materias deberán matricularse de las materias no superadas, seguirán los programas de refuerzo que establezca el equipo docente y deberán superar las evaluaciones correspondientes a dichos programas de refuerzo. Esta circunstancia será tenida en cuenta a los efectos de promoción previstos en los apartados anteriores.

5. El alumno o alumna podrá repetir el mismo curso una sola vez y dos veces como máximo dentro de la etapa. Cuando esta segunda repetición deba producirse en tercero o cuarto curso, se prolongará un año el límite de edad al que se refiere el apartado 2 del artículo 4. Excepcionalmente, un alumno o alumna podrá repetir una segunda vez en cuarto curso si no ha repetido en los cursos anteriores de la etapa.

6. En todo caso, las repeticiones se establecerán de manera que las condiciones curriculares se adapten a las necesidades del alumno o alumna y estén orientadas a la superación de las dificultades detectadas.

7. Con la finalidad de facilitar que todos los alumnos y alumnas logren los objetivos y alcancen el adecuado grado de adquisición de las competencias correspondientes, las Administraciones educativas establecerán medidas de refuerzo educativo, con especial atención a las necesidades específicas de apoyo educativo. La aplicación personalizada de las medidas se revisará periódicamente y, en todo caso, al finalizar el curso académico. Al final de cada uno de los cursos de Educación Secundaria Obligatoria se entregará a los padres, madres o tutores legales de cada
alumno o alumna un consejo orientador, que incluirá un informe sobre el grado de logro de los objetivos y de adquisición de las competencias correspondientes, así como una propuesta a padres, madres o tutores legales o, en su caso, al alumno o alumna del itinerario más adecuado a

seguir, que podrá incluir la incorporación a un programa de mejora del aprendizaje y el rendimiento o a un ciclo de Formación Profesional Básica.

8. Tras cursar el primer ciclo de Educación Secundaria Obligatoria, así como una vez cursado segundo curso cuando el alumno o alumna se vaya a incorporar de forma excepcional a un ciclo de Formación Profesional Básica, se entregará a los alumnos y alumnas un certificado de estudios cursados.

9. En aquellas Comunidades Autónomas que posean, junto al castellano, otra lengua oficial de acuerdo con sus Estatutos, los alumnos y alumnas podrán estar exentos de realizar la evaluación de la materia Lengua Cooficial y Literatura según la normativa autonómica correspondiente.

- TITULACIÓN

Artículo 29. Evaluación final de Educación Secundaria Obligatoria.

1. Al finalizar el cuarto curso, los alumnos y alumnas realizarán una evaluación individualizada por la opción de enseñanzas académicas o por la de enseñanzas aplicadas, en la que se comprobará el logro de los objetivos de la etapa y el grado de adquisición de las competencias correspondientes
en relación con las siguientes materias:
a) Todas las materias generales cursadas en el bloque de asignaturas troncales, salvo Biología y Geología y Física y Química, de las que el alumno o alumna será evaluado si las escoge entre las materias de opción, según se indica en el párrafo siguiente.
b) Dos de las materias de opción cursadas en el bloque de asignaturas troncales, en cuarto curso.
c) Una materia del bloque de asignaturas específicas cursada en cualquiera de los cursos, que no sea Educación Física, Religión, o Valores Éticos.

2. Los alumnos y alumnas podrán realizar la evaluación por cualquiera de las dos opciones de enseñanzas académicas o de

enseñanzas aplicadas, con independencia de la opción cursada en cuarto curso de Educación Secundaria Obligatoria, o por ambas opciones en la misma ocasión.

3. Podrán presentarse a esta evaluación aquellos alumnos y alumnas que hayan obtenido bien evaluación positiva en todas las materias, o bien negativa en un máximo de dos materias siempre que no sean simultáneamente Lengua Castellana y Literatura, y Matemáticas. A estos efectos, la materia Lengua Cooficial y Literatura tendrá la misma consideración que la materia Lengua Castellana y Literatura en aquellas Comunidades Autónomas que posean lengua cooficial. A los efectos de este apartado, sólo se computarán las materias que como mínimo el alumno o alumna debe cursar en cada uno de los bloques. Además, en relación con aquellos alumnos y alumnas que cursen Lengua Cooficial y Literatura, sólo se computará una materia en el bloque de asignaturas de libre configuración autonómica, con independencia de que dichos alumnos y alumnas puedan cursar más materias de dicho bloque. Las materias con la misma denominación en diferentes cursos de Educación Secundaria Obligatoria se considerarán como materias distintas.

4. El Ministerio de Educación, Cultura y Deporte establecerá para todo el Sistema Educativo Español los criterios de evaluación y las características de las pruebas, y las diseñará y establecerá su contenido para cada convocatoria.

5. La superación de esta evaluación requerirá una calificación igual o superior a 5 puntos sobre 10.

6. Los alumnos y alumnas que no hayan superado la evaluación por la opción escogida, o que deseen elevar su calificación final de Educación Secundaria Obligatoria, podrán repetir la evaluación en convocatorias sucesivas, previa solicitud. Los alumnos y alumnas que hayan superado esta evaluación por una opción podrán presentarse de nuevo a evaluación por la otra opción si lo desean, y de no superarla en primera convocatoria podrán repetirla en convocatorias sucesivas, previa solicitud. Se tomará en consideración la calificación más alta de las obtenidas en las

convocatorias que el alumno o alumna haya superado. Se celebrarán al menos dos convocatorias anuales, una ordinaria y otra extraordinaria.

Artículo 30. Propuesta de acceso a Formación Profesional Básica.

El equipo docente podrá proponer a los padres, madres o tutores legales, en su caso a través del consejo orientador, la incorporación del alumno o alumna a un ciclo de Formación Profesional Básica cuando el grado de adquisición de las competencias así lo aconseje, siempre que cumpla los requisitos establecidos en el artículo 41.1 de esta Ley Orgánica.

Artículo 31. Título de Graduado en Educación Secundaria Obligatoria.

1. Para obtener el título de Graduado en Educación Secundaria Obligatoria será necesaria la superación de la evaluación final, así como una calificación final de dicha etapa igual o superior a 5 puntos sobre 10. La calificación final de Educación Secundaria Obligatoria se deducirá de la siguiente ponderación:
a) con un peso del 70%, la media de las calificaciones numéricas obtenidas en cada una de las materias cursadas en Educación Secundaria Obligatoria;
b) con un peso del 30%, la nota obtenida en la evaluación final de Educación Secundaria Obligatoria. En caso de que el alumno o alumna haya superado la evaluación por las dos opciones de evaluación final, a que se refiere el artículo 29.1, para la calificación final se tomará la más alta de las que se obtengan teniendo en cuenta la nota obtenida en ambas opciones.
2. El título de Graduado en Educación Secundaria Obligatoria permitirá acceder a las enseñanzas postobligatorias recogidas en el artículo 3.4 de esta Ley Orgánica, de acuerdo con los requisitos que se establecen para cada enseñanza.

4. Los alumnos y alumnas que cursen la Educación Secundaria Obligatoria y no obtengan el título al que se refiere este artículo recibirán una certificación oficial en la que constará el número de años cursados, así como el grado de logro de los objetivos de la etapa y de adquisición de las
competencias correspondientes.

5. Las Administraciones educativas podrán establecer medidas de atención personalizada dirigidas a aquellos alumnos y alumnas que habiéndose presentado a la evaluación final de Educación Secundaria Obligatoria no la hayan superado.

6. En caso de que se obtenga el título de Graduado en Educación Secundaria Obligatoria por la superación de la prueba regulada en el apartado 2 del artículo 68 de esta Ley Orgánica, la calificación final de Educación Secundaria Obligatoria será la obtenida en dicha prueba.

2.3. CARACTERÍSTICAS DEL BACHILLERATO

El Bachillerato es la última etapa de la Educación Secundaria, tiene carácter voluntario y se estructura en diferentes modalidades que permiten una preparación especializada de los alumnos, facilitando así que cada alumno pueda elegir su propio itinerario formativo en función de sus capacidades e intereses académicos y profesionales. **Esta etapa tiene como finalidad proporcionar al alumnado formación, madurez intelectual y humana, conocimientos y destrezas que les permitan progresar en su desarrollo personal y social e incorporarse a la vida activa y a la educación superior.**

Artículo 32. Principios generales.

1. El bachillerato tiene como finalidad proporcionar a los alumnos formación, madurez intelectual y humana, conocimientos y habilidades que les permitan desarrollar funciones sociales e incorporarse a la vida activa con responsabilidad y competencia.

Asimismo, capacitará a los alumnos para acceder a la educación superior.

2. Podrán acceder a los estudios de Bachillerato los alumnos y alumnas que estén en posesión del título de Graduado en Educación Secundaria Obligatoria y hayan superado la evaluación final de Educación Secundaria Obligatoria por la opción de enseñanzas académicas.

3. El bachillerato comprende dos cursos, se desarrollará en modalidades diferentes, se organizará de modo flexible y, en su caso, en distintas vías, a fin de que pueda ofrecer una preparación especializada a los alumnos acorde con sus perspectivas e intereses de formación o permita la incorporación a la vida activa una vez finalizado el mismo.

4. Los alumnos y alumnas podrán permanecer cursando Bachillerato en régimen ordinario durante cuatro años.

5. Las Administraciones públicas promoverán un incremento progresivo de la oferta de plazas públicas en bachillerato en sus distintas modalidades y vías.

Artículo 34. Organización general del Bachillerato.

1. Las modalidades del Bachillerato que podrán ofrecer las Administraciones educativas y, en su caso, los centros docentes serán las siguientes:
a) **Ciencias.**
b) **Humanidades y Ciencias Sociales.**
c) **Artes.**

2. En el proceso de aprendizaje de lengua extranjera, la lengua castellana o la lengua cooficial sólo se utilizarán como apoyo. Se priorizarán la comprensión y expresión oral. Se establecerán medidas de flexibilización y alternativas metodológicas en la enseñanza y evaluación de la lengua extranjera para el alumnado con discapacidad, en especial para aquél que presenta dificultades en su expresión oral. Estas adaptaciones en ningún caso se tendrán en cuenta para minorar las calificaciones obtenidas.

3. El Gobierno, previa consulta a las Comunidades Autónomas, regulará el régimen de reconocimiento recíproco entre los estudios de Bachillerato y los ciclos formativos de grado medio de Formación Profesional, las Enseñanzas de Artes Plásticas y Diseño de grado medio, y las Enseñanzas Deportivas de grado medio, a fin de que puedan ser tenidos en cuenta los estudios superados, aun cuando no se haya alcanzado la titulación correspondiente.

Artículo 34 bis. Organización del primer curso de Bachillerato.

1. En la modalidad de Ciencias, los alumnos y alumnas deben cursar las siguientes materias generales del bloque de asignaturas troncales:
a) Filosofía.
b) Lengua Castellana y Literatura I.
c) Matemáticas I.
d) Primera Lengua Extranjera I.
e) En función de la regulación y de la programación de la oferta educativa que establezca cada Administración educativa y, en su caso, de la oferta de los centros docentes, al menos dos materias más de entre las siguientes materias de opción del bloque de asignaturas troncales:
1.º) Biología y Geología.
2.º) Dibujo Técnico I.
3.º) Física y Química.
2. En la modalidad de Humanidades y Ciencias Sociales, los alumnos y alumnas deben cursar las siguientes materias generales del bloque de asignaturas troncales:
a) Filosofía.
b) Lengua Castellana y Literatura I.
c) Primera Lengua Extranjera I.
d) Para el itinerario de Humanidades, Latín I. Para el itinerario de Ciencias Sociales, Matemáticas Aplicadas a las Ciencias Sociales I.

e) En función de la regulación y de la programación de la oferta educativa que establezca cada Administración educativa y, en su caso, de la oferta de los centros docentes, al menos dos materias de entre las siguientes materias de opción del bloque de asignaturas troncales, organizadas, en su caso, en bloques que faciliten el tránsito a la educación superior:

1.º) Economía.
2.º) Griego I.
3.º) Historia del Mundo Contemporáneo.
4.º) Literatura Universal.

3. En la modalidad de Artes, los alumnos y alumnas deben cursar las siguientes materias generales del bloque de asignaturas troncales:

a) Filosofía.
b) Fundamentos del Arte I.
c) Lengua Castellana y Literatura I.
d) Primera Lengua Extranjera I.
e) En función de la regulación y de la programación de la oferta educativa que establezca cada Administración educativa y, en su caso, de la oferta de los centros docentes, al menos dos materias de entre las siguientes materias de opción del bloque de asignaturas troncales:

1.º) Cultura Audiovisual I.
2.º) Historia del Mundo Contemporáneo.
3.º) Literatura Universal.

4. Los alumnos y alumnas deben cursar las siguientes materias del bloque de asignaturas específicas:

a) Educación Física.
b) En función de la regulación y de la programación de la oferta educativa que establezca cada Administración educativa y, en su caso, de la oferta de los centros docentes, un mínimo de dos y máximo de tres materias de entre las siguientes:

1.º) Análisis Musical I.
2.º) Anatomía Aplicada.
3.º) Cultura Científica.
4.º) Dibujo Artístico I.

5.º) Dibujo Técnico I, salvo que los padres, madres o tutores legales o el alumno o alumna ya hayan escogido Dibujo Técnico I en el apartado 1.e).2.º).
6.º) Lenguaje y Práctica Musical.
7.º) Religión.
8.º) Segunda Lengua Extranjera I.
9.º) Tecnología Industrial I.
10.º) Tecnologías de la Información y la Comunicación I.
11.º) Volumen.
12.º) Una materia del bloque de asignaturas troncales no cursada por
el alumno o alumna.

Además, en función de la regulación y de la programación de la oferta educativa que establezca cada Administración educativa y, en su caso, de la oferta de los centros docentes, los alumnos y alumnas podrán cursar alguna materia más en el bloque de asignaturas de libre configuración autonómica, que podrán ser materias del bloque de asignaturas específicas no cursadas, materias de ampliación de los contenidos de alguna de las materias de los bloques de asignaturas troncales o específicas, o materias a determinar.

Artículo 34 ter. Organización del segundo curso de Bachillerato.

1. En la modalidad de Ciencias, los alumnos y alumnas deben cursar las siguientes materias generales del bloque de asignaturas troncales:
a) Historia de España.
b) Lengua Castellana y Literatura II.
c) Matemáticas II.
d) Primera Lengua Extranjera II.

e) En función de la regulación y de la programación de la oferta educativa que establezca cada Administración educativa y, en su caso, de la oferta de los centros docentes, al menos dos materias más de entre las siguientes materias de opción del bloque de asignaturas troncales:

1.º) Biología.
2.º) Dibujo Técnico II.
3.º) Física.
4.º) Geología.
5.º) Química.

2. En la modalidad de Humanidades y Ciencias Sociales, los alumnos y alumnas deben cursar las siguientes materias generales del bloque de asignaturas troncales:

a) Historia de España.
b) Lengua Castellana y Literatura II.
c) Primera Lengua Extranjera II.
d) Para el itinerario de Humanidades, Latín II. Para el itinerario de Ciencias Sociales, Matemáticas Aplicadas a las Ciencias Sociales II.
e) En función de la regulación y de la programación de la oferta educativa que establezca cada Administración educativa y, en su caso, de la oferta de los centros docentes, al menos dos materias de entre las siguientes materias de opción del bloque de asignaturas troncales, organizadas, en su caso, en bloques que faciliten el tránsito a la educación superior:

1.º) Economía de la Empresa.
2.º) Geografía.
3.º) Griego II.
4.º) Historia del Arte.
5.º) Historia de la Filosofía.

3. En la modalidad de Artes, los alumnos y alumnas deben cursar las siguientes materias generales del bloque de asignaturas troncales:

a) Fundamentos del Arte II.
b) Historia de España.
c) Lengua Castellana y Literatura II.
d) Primera Lengua Extranjera II.

e) En función de la regulación y de la programación de la oferta educativa que establezca cada Administración educativa y, en su caso, de la oferta de los centros docentes, al menos dos materias de entre las siguientes materias de opción del bloque de asignaturas troncales:

1.º) Artes Escénicas.
2.º) Cultura Audiovisual II.
3.º) Diseño.

4. En función de la regulación y de la programación de la oferta educativa que establezca cada Administración educativa y, en su caso, de la oferta de los centros docentes, los alumnos y alumnas cursarán un mínimo de dos y máximo de tres materias de las siguientes del bloque de asignaturas específicas:

a) Análisis Musical II.
b) Ciencias de la Tierra y del Medio Ambiente.
c) Dibujo Artístico II.
d) Dibujo Técnico II, salvo que los padres, madres o tutores legales o el alumno o alumna ya hayan escogido Dibujo Técnico II en el apartado 1.e).2.º).
e) Fundamentos de Administración y Gestión.
f) Historia de la Filosofía, salvo que los padres, madres o tutores legales o el alumno o alumna ya hayan escogido Historia de la Filosofía en el apartado 2.e).5.º).
g) Historia de la Música y de la Danza. h) Imagen y Sonido.
i) Psicología.
j) Religión.
k) Segunda Lengua Extranjera II.
l) Técnicas de Expresión Gráfico-Plástica.
m) Tecnología Industrial II.
n) Tecnologías de la Información y la Comunicación II.
ñ) Una materia del bloque de asignaturas troncales no cursada por el alumno o alumna.

5. Los alumnos y alumnas deben cursar la materia Lengua Cooficial y Literatura en el bloque de asignaturas de libre configuración autonómica en aquellas Comunidades Autónomas que posean dicha lengua cooficial, si bien podrán estar exentos de cursar o de ser evaluados de dicha materia en las condiciones establecidas en la normativa autonómica correspondiente. La materia Lengua Cooficial y Literatura recibirá un tratamiento análogo al de la materia Lengua Castellana y Literatura.

Además, en función de la regulación y de la programación de la oferta educativa que establezca cada Administración educativa y, en su caso, de la oferta de los centros docentes, los alumnos y alumnas podrán cursar alguna materia más en el bloque de asignaturas de libre configuración autonómica, que podrán ser Educación Física, materias del bloque de asignaturas específicas no cursadas, materias de ampliación de los contenidos de alguna de las materias de los bloques de asignaturas troncales o específicas, o materias a determinar.

Artículo 35. Principios pedagógicos.

1. Las actividades educativas en el bachillerato favorecerán la capacidad del alumno para aprender por sí mismo, para trabajar en equipo y para aplicar los métodos de investigación apropiados.
2. Las Administraciones educativas promoverán las medidas necesarias para que en las distintas materias se desarrollen actividades que estimulen el interés y el hábito de la lectura y la capacidad de expresarse correctamente en público.
3. En la organización de los estudios de Bachillerato se prestará especial atención a los alumnos y alumnas con necesidad específica de apoyo educativo.

EVALUACIÓN, PROMOCIÓN Y TITULACIÓN:

Artículo 36. Evaluación y promoción.

1. La evaluación del aprendizaje del alumnado será continua y diferenciada según las distintas materias. El profesorado de cada materia decidirá, al término del curso, si el alumno o alumna ha logrado los objetivos y ha alcanzado el adecuado grado de adquisición de las competencias correspondientes. Se establecerán las medidas más adecuadas para que las condiciones de realización de las evaluaciones se adapten a las necesidades del alumnado con necesidades educativas especiales.

2. **Los alumnos y alumnas promocionarán de primero a segundo de Bachillerato cuando hayan superado las materias cursadas o tengan evaluación negativa en dos materias, como máximo.** En todo caso, deberán matricularse en segundo curso de las materias pendientes de primero. Los centros docentes deberán organizar las consiguientes actividades de recuperación y la evaluación de las materias pendientes. Sin superar el plazo máximo para cursar el Bachillerato indicado en el artículo 32.4, los alumnos y alumnas podrán repetir cada uno de los cursos de Bachillerato una sola vez como máximo, si bien excepcionalmente podrán repetir uno de los cursos una segunda vez, previo informe favorable del equipo docente.

3. Los alumnos y alumnas podrán realizar una prueba extraordinaria de las materias que no hayan superado, en las fechas que determinen las Administraciones educativas.

4. La superación de las materias de segundo curso que impliquen continuidad estará condicionada a la superación de las correspondientes materias de primer curso. Dicha correspondencia se establecerá por vía reglamentaria.

TITULACIÓN

Artículo 36 bis. Evaluación final de Bachillerato.

1. Los alumnos y alumnas realizarán una evaluación individualizada al finalizar Bachillerato, en la que se comprobará el logro de los objetivos de esta etapa y el grado de adquisición de las competencias correspondientes en relación con las siguientes materias:

a) Todas las materias generales cursadas en el bloque de asignaturas troncales. En el supuesto de materias que impliquen continuidad, se tendrá en cuenta sólo la materia cursada en segundo curso.
b) Dos materias de opción cursadas en el bloque de asignaturas troncales, en cualquiera de los cursos. Las materias que impliquen continuidad entre los cursos primero y segundo sólo computarán como una materia; en este supuesto se tendrá en cuenta sólo la materia cursada en
segundo curso.
c) Una materia del bloque de asignaturas específicas cursada en cualquiera de los cursos, que no sea Educación Física ni Religión.
2. Sólo podrán presentarse a esta evaluación aquellos alumnos y alumnas que hayan obtenido evaluación positiva en todas las materias. A los efectos de este apartado, sólo se computarán las materias que como mínimo el alumno o alumna debe cursar en cada uno de los bloques.
3. El Ministerio de Educación, Cultura y Deporte, previa consulta a las Comunidades Autónomas, establecerá para todo el Sistema Educativo Español los criterios de evaluación y las características de las pruebas, y las diseñará y establecerá su contenido para cada convocatoria.
4. La superación de esta evaluación requerirá una calificación igual o superior a 5 puntos sobre 10.

5. Los alumnos y alumnas que no hayan superado esta evaluación, o que deseen elevar su calificación final de Bachillerato, podrán repetir la evaluación en convocatorias sucesivas, previa solicitud. Se tomará en consideración la calificación más alta de las obtenidas en las convocatorias a las que se haya concurrido. Se celebrarán al menos dos convocatorias anuales, una ordinaria y
otra extraordinaria.

Artículo 37. Título de Bachiller.

1. Para obtener el título de Bachiller será necesaria la superación de la evaluación final de Bachillerato, así como una calificación final de Bachillerato igual o superior a 5 puntos sobre 10. La calificación final de esta etapa se deducirá de la siguiente ponderación:
a) Con un peso del 60%, la media de las calificaciones numéricas obtenidas en cada una de las materias cursadas en Bachillerato.
b) Con un peso del 40%, la nota obtenida en la evaluación final de Bachillerato.
2. El título de Bachiller facultará para acceder a las distintas enseñanzas que constituyen la educación superior establecidas en el artículo 3.5, y en él deberá constar la modalidad cursada, así como la calificación final de Bachillerato.
3. La evaluación positiva en todas las materias del Bachillerato sin haber superado la evaluación final de esta etapa dará derecho al alumno o alumna a obtener un certificado que surtirá efectos laborales y los académicos previstos en los artículos 41.2.b), 41.3.a), y 64.2.d) de esta Ley Orgánica.

CONCLUSIONES

El dominio de la legislación vigente en materia educativa es fundamental a la hora de programar y entender el diseño del modelo curricular de cada etapa educativa; ya que va permitir plasmar y desarrollar nuestra labor docente de acuerdo con las intenciones y finalidades que proponen las diferentes administraciones públicas. Esta legislación es cambiante y requiere de una actualización permanente, por este motivo, se insta a los lectores a que visiten los portales de educación de las diferentes Comunidades Autónomas y la propia página web del Ministerio de Educación (http://www.mecd.gob.es/portada-mecd/) para tener una visión actualizada de todos los cambios que en materia de legislación educativa se van sucediendo en el desarrollo de la labor legisladora.

Es importante que el interesado lea detenidamente la legislación que compete a su comunidad autónoma –especialmente- la Orden o Decreto de funcionamiento de los centros educativos. En este documento normativo se plasma la estructura de las programaciones didácticas y aspectos importantes de organización escolar que afectan al proceso de enseñanza-aprendizaje.

UNIDAD 2
LOS OBJETIVOS Y LAS COMPETENCIAS BÁSICAS

El objetivo de esta unidad es que el lector comprenda los diferentes tipos de objetivos y su materialización en los diferentes ámbitos de la práctica educativa: Ley, Reales Decretos, Decretos, Programaciones didácticas y Unidades didácticas.

Toda Programación Didáctica, emulando de esta forma a los marcos curriculares que las amparan, debe contener unos objetivos claros que determinen los fines que persiguen y definan el rumbo del proceso de enseñanza aprendizaje que buscamos con nuestros alumnos.

Para ello, en esta unidad aclararemos el concepto de objetivo definiéndolo y conociendo a su vez los diferentes tipos de objetivos (objetivos generales del sistema educativo, objetivos generales de etapa, de área y los propios de las programaciones y unidades didácticas) en función del nivel curricular en el que nos encontremos.

A su vez, en virtud de lo dispuesto en la LOMCE, estos objetivos deben estar en consonancia con otra serie de fines comunes a todas las áreas y a toda la etapa de escolarización obligatoria, son las nuevas competencias básicas y en esta unidad estableceremos las relaciones existentes entre los diferentes elementos del currículo y las mencionadas competencias básicas, determinando el ámbito de aplicación de las mismas y su relación con las diferentes áreas curriculares que conforman la enseñanza obligatoria.

1. LOS OBJETIVOS EN EL DISEÑO CURRÍCULAR

Aunque existen muchas formas diferentes de definirlos y describirlos, en función de cuál sea el paradigma del proceso de enseñanza-aprendizaje del que partamos, **podemos entender los objetivos del currículo como las intenciones que persigue un proyecto educativo determinado y el conjunto de metas en que dichas intenciones se concretan**. Los objetivos definen lo que pretendemos conseguir, el "para qué" de la acción educativa.

En los últimos tiempos, tanto la evolución de la psicología del aprendizaje, como la progresiva complejidad de la sociedad, han hecho que nuestra manera de entender los objetivos vaya variando de forma esencial. De este modo, **en el momento actual se tiende a hablar de los objetivos no en términos de conductas concretas y precisas, sino en términos de competencias y capacidades**. Este desarrollo de competencias y capacidades supone la adquisición por el alumno de nuevas conductas, pero sin embargo no se reduce a ellas. El rápido ritmo de cambio al que se ve sometido nuestra sociedad requiere la formación de individuos flexibles, capaces de adaptarse al cambio, de manejar con soltura los recursos tecnológicos. **Se persigue que los alumnos desarrollen una capacidad de búsqueda, organización, análisis, elaboración, síntesis y aplicación de la información más que un compendio estanco de conceptos**: *la sociedad del conocimiento es la sociedad del aprendizaje permanente y autónomo.*

La formulación de los objetivos en términos de capacidades y competencias es una necesidad impuesta por las demandas de la sociedad actual al sistema educativo e implica un cambio de enfoque desde una enseñanza centrada en los contenidos a otra centrada en el alumnos, en el desarrollo de sus capacidades cognitivas, motrices, interpersonales... **Toda programación, en la medida que implica intencionalidad requiere establecer objetivos**. Estos objetivos, como el resto de los elementos de la programación, resultan de la concreción de aquellos otros de instancias superiores: *los del área y los de la etapa*. Para ayudar a la comprensión y fundamentar nuestras decisiones, así como para garantizar la coherencia, tendremos que explicitar el trabajo previo de concreción. El trabajo con los objetivos didácticos se deduce de los objetivos de etapa y de área a través de la adaptación de los mencionados objetivos a nuestro contexto.

Para ajustarnos a lo que serían los objetivos de la programación didáctica es importante establecer algunas consideraciones previas:

- La naturaleza de estos objetivos dependerá del enfoque que lo oriente.
- A lo largo de todo el proceso educativo van de lo general a lo particular y se pasa de grandes intenciones a metas didácticas.
- Los objetivos de etapa y de área están más cerca de los principios y fundamentos filosóficos mientras que los didácticos o de aula están más orientados por los fundamentos psicológicos y pedagógicos.

> Se entiende por objetivo la descripción previa de las capacidades que debe desarrollar el alumno como resultado de un determinado proceso de enseñanza-aprendizaje, cuya duración suele ser variable. Por ello, hay objetivos de gran amplitud y otros mucho más concretos y operativos.
>
> Los objetivos constituyen el referente fundamental para la evaluación del grado en que los alumnos han adquirido y desarrollado los diferentes tipos de capacidades y competencias.

2. LOS OBJETIVOS EN LA PROGRAMACIÓN DIDÁCTICA

Como hemos visto en la introducción, los objetivos son las metas que nos marcamos a la hora de programar y son un referente con el que poder coordinarnos entre los profesores de un mismo departamento didáctico. Los objetivos son la meta; para llegar a ella tenemos que crear un camino fácil, libre de obstáculos y previsor que haga que la llegada a la meta no se haga imposible o muy dificultosa. **El currículo de todas las materias de las etapas de la ESO y el Bachillerato se organiza para poder alcanzar los objetivos generales de cada etapa**. De ahí la importancia que tiene conocer los objetivos generales y saberlos interrelacionar entre los de área y el desarrollo posterior de las unidades didácticas. Cuando secuenciamos el currículo en evaluaciones o trimestres y posteriormente confeccionamos las unidades didácticas tenemos que tener como una de las principales metas que los alumnos vayan alcanzando de forma progresiva los objetivos generales de nuestra área y, por extensión, los objetivos generales de la etapa. Podemos diferenciar **diferentes niveles** cuando nos planteamos objetivos:

> **Objetivos generales:** planteados en la filosofía que impregna los preámbulos de la ley, reales decretos y decretos educativos y los fines educativos expresados en la LOMCE.
> **Objetivos generales de etapa** (expresados en capacidades): son los recogidos por el Real Decreto de Enseñanzas Mínimas y posteriormente recogidos en los decretos de currículo de las diferentes comunidades autónomas con competencias en educación.
> **Objetivos generales del área:** Cada área contribuye a los objetivos generales de etapa a través de unos objetivos generale que se alcanzan progresivamente a lo largo de los diferentes cursos que componen la etapa educativa.
> **Objetivos didácticos de las unidades didácticas:** son aquéllos qu se formulan en las diferentes unidades didácticas y que se relacionan directamente con los objetivos generales de área.

2.1. LOS OBJETIVOS GENERALES DE LA ESO

Los objetivos de la Educación Secundaria Obligatoria se definen para el conjunto de la etapa. En cada materia se describe el modo en que contribuye al desarrollo de las competencias básicas, sus objetivos generales y organizados por cursos, los contenidos y criterios de evaluación.

Los criterios de evaluación, además de permitir la valoración del tipo y grado de aprendizaje adquirido, se convierten en referente fundamental para valorar la adquisición de las competencias básicas. El **artículo 23 de la LOMCE** establece los objetivos generales que persigue la etapa de la ESO.

Artículo 23. *Objetivos de la Educación Secundaria Obligatoria*

La educación secundaria obligatoria contribuirá a desarrollar en los alumnos y las alumnas las capacidades que les permitan:
a) Asumir responsablemente sus deberes, conocer y ejercer sus derechos en el respeto a los demás, practicar la tolerancia, la cooperación la solidaridad entre las personas y grupos, ejercitarse en el diálogo afianzando los derechos humanos como valores comunes de una sociedad
plural y prepararse para el ejercicio de la ciudadanía democrática.
b) Desarrollar y consolidar hábitos de disciplina, estudio y trabajo individual y en equipo como condición necesaria para una realización eficaz de las tareas del aprendizaje y como medio de desarrollo personal.
c) Valorar y respetar la diferencia de sexos y la igualdad de derechos y oportunidades entre ellos. Rechazar los estereotipos que supongan discriminación entre hombres y mujeres.
d) Fortalecer sus capacidades afectivas en todos los ámbitos de la personalidad y en sus relaciones con los demás, así como rechazar la violencia, los prejuicios de cualquier tipo, los comportamientos sexistas y resolver pacíficamente los conflictos.

e) Desarrollar destrezas básicas en la utilización de las fuentes de información para, con sentido crítico, adquirir nuevos conocimientos. Adquirir una preparación básica en el campo de las tecnologías, especialmente las de la información y la comunicación.

f) Concebir el conocimiento científico como un saber integrado, que se estructura en distintas disciplinas, así como conocer y aplicar los métodos para identificar los problemas en los diversos campos del conocimiento y de la experiencia.

g) Desarrollar el espíritu emprendedor y la confianza en sí mismo, la participación, el sentido crítico, la iniciativa personal y la capacidad para aprender a aprender, planificar, tomar decisiones y asumir responsabilidades.

h) Comprender y expresar con corrección, oralmente y por escrito, en la lengua castellana y, si la hubiere, en la lengua cooficial de la Comunidad Autónoma, textos y mensajes complejos, e iniciarse en el conocimiento, la lectura y el estudio de la literatura.

i) Comprender y expresarse en una o más lenguas extranjeras de manera apropiada.

j) Conocer, valorar y respetar los aspectos básicos de la cultura y la historia propias y de los demás, así como el patrimonio artístico y cultural.

k) Conocer y aceptar el funcionamiento del propio cuerpo y el de los otros, respetar las diferencias, afianzar los hábitos de cuidado y salud corporales e incorporar la educación física y la práctica del deporte para favorecer el desarrollo personal y social. Conocer y valorar la dimensión

humana de la sexualidad en toda su diversidad. Valorar críticamente los hábitos sociales relacionados con la salud, el consumo, el cuidado de los seres vivos y el medio ambiente, contribuyendo a su conservación y mejora.

l) Apreciar la creación artística y comprender el lenguaje de las distintas manifestaciones artísticas, utilizando diversos medios de expresión y representación.

2.2. LOS OBJETIVOS GENERALES DEL BACHILLERATO

Los objetivos del bachillerato se definen para el conjunto de la etapa. En cada materia se describen sus objetivos, contenidos y criterios de evaluación. En la regulación que realicen las administraciones educativas, deberán incluir los objetivos, contenidos y criterios de evaluación, si bien la agrupación de los contenidos de cada materia establecida en este real decreto tiene como finalidad presentar los conocimientos de forma coherente. El Bachillerato contribuirá a desarrollar en los alumnos los siguientes **objetivos**:

Artículo 33. Objetivos.

a) Ejercer la ciudadanía democrática, desde una perspectiva global, y adquirir una conciencia cívica responsable, inspirada por los valores de la Constitución española así como por los derechos humanos, que fomente la corresponsabilidad en la construcción de una sociedad justa y equitativa.
b) Consolidar una madurez personal y social que les permita actuar de forma responsable y autónoma y desarrollar su espíritu crítico. Prever y resolver pacíficamente los conflictos personales, familiares y sociales.
c) Fomentar la igualdad efectiva de derechos y oportunidades entre hombres y mujeres, analizar y valorar críticamente las desigualdades existentes e impulsar la igualdad real y la no discriminación de las personas con discapacidad.
d) Afianzar los hábitos de lectura, estudio y disciplina, como condiciones necesarias para el eficaz aprovechamiento del aprendizaje, y como medio de desarrollo personal.
e) Dominar, tanto en su expresión oral como escrita, la lengua castellana y, en su caso, la lengua cooficial de su Comunidad Autónoma.
f) Expresarse con fluidez y corrección en una o más lenguas extranjeras.

g) Utilizar con solvencia y responsabilidad las tecnologías de la información y la comunicación.

h) Conocer y valorar críticamente las realidades del mundo contemporáneo, sus antecedentes históricos y los principales factores de su evolución. Participar de forma solidaria en el desarrollo y mejora de su entorno social.

i) Acceder a los conocimientos científicos y tecnológicos fundamentales y dominar las habilidades básicas propias de la modalidad elegida.

j) Comprender los elementos y procedimientos fundamentales de la investigación y de los métodos científicos. Conocer y valorar de forma crítica la contribución de la ciencia y la tecnología en el cambio de lascondiciones de vida, así como afianzar la sensibilidad y el respeto hacia el
medio ambiente.

k) Afianzar el espíritu emprendedor con actitudes de creatividad, flexibilidad, iniciativa, trabajo en equipo, confianza en uno mismo y sentido crítico.

l) Desarrollar la sensibilidad artística y literaria, así como el criterio estético, como fuentes de formación y enriquecimiento cultural.

m) Utilizar la educación física y el deporte para favorecer el desarrollo personal y social.

n) Afianzar actitudes de respeto y prevención en el ámbito de la seguridad vial.

> Para los objetivos generales de cada área el profesor habrá de recurrir a los correspondientes currículos de las diferentes materias y tendrá que tener en consideración esos objetivos para elaborar los objetivos didácticos expresados en las unidades didácticas.

3. LAS COMPETENCIAS BÁSICAS

Las competencias básicas aparecen contextualizadas en la LOMCE para la etapa de la Educación Secundaria como un objetivo constante y recurrente al que deben contribuir todas las materias y que debe aparecer de forma contextualizada en la práctica docente. La principal contribución de las competencias básicas consiste en orientar la enseñanza, al permitir identificar los contenidos y los criterios de evaluación que tienen carácter imprescindible. Estas son las razones que han llevado en la LOMCE a incluir las competencias básicas en el currículo y a considerarlas como **referente para la evaluación.** La LOMCE las establece como **referencia** para la promoción de ciclo en la educación primaria y **para la titulación al final de la educación secundaria obligatoria**, así como para las evaluaciones de diagnóstico previstas en el cuarto curso de la educación primaria y en el segundo de la educación secundaria obligatoria.

La incorporación de las competencias básicas supone un enriquecimiento del modelo actual de currículo. De acuerdo con lo dispuesto en la LOMCE, **las competencias básicas forman parte de las enseñanzas mínimas de la educación obligatoria**, junto con los objetivos de cada área o materia, los contenidos y los criterios de evaluación. Por lo tanto, **no sustituyen a los elementos que actualmente se contemplan en el currículo**, sino que los completan planteando un enfoque integrado e integrador de todo el currículo escolar.

Por ese motivo, es necesario ponerlas en relación con los objetivos, con los contenidos de las áreas o materias y con los criterios de evaluación, si se quiere conseguir su desarrollo efectivo en la práctica educativa cotidiana.

La incorporación de competencias básicas al currículo permite poner el acento en aquellos aprendizajes que se consideran imprescindibles, desde un planteamiento integrador y orientado a la aplicación de los saberes adquiridos.

De ahí su carácter básico. **Son aquellas competencias que debe haber desarrollado un joven o una joven al finalizar la enseñanza obligatoria para poder lograr su realización personal, ejercer la ciudadanía activa, incorporarse a la vida adulta de manera satisfactoria y ser capaz de desarrollar un aprendizaje permanente a lo largo de la vida**.

La inclusión de las competencias básicas en el currículo tiene varias **finalidades**:

3.1. FINALIDADES DE LAS COMPETENCIAS BÁSICAS

1- Integrar los diferentes aprendizajes, tanto los formales, incorporados a las diferentes áreas o materias, como los informales y no formales.

2- Permitir a todos los estudiantes integrar sus aprendizajes, ponerlos en relación con distintos tipos de contenidos y utilizarlos de manera efectiva cuando les resulten necesarios en diferentes situaciones y contextos.

3- Orientar la enseñanza, al permitir identificar los contenidos y los criterios de evaluación que tienen carácter imprescindible y, en general, inspirar las distintas decisiones relativas al proceso de enseñanza y de aprendizaje.

Con las áreas y materias del currículo se pretende que todos los alumnos alcancen los objetivos educativos y, consecuentemente, también que adquieran las competencias básicas. Sin embargo, **no existe una relación unívoca entre la enseñanza de determinadas áreas o materias y el desarrollo de ciertas competencias.**

Cada una de las áreas contribuye al desarrollo de diferentes competencias y, a su vez, cada una de las competencias básicas se alcanzará como consecuencia del trabajo en varias áreas o materias. Es, por lo tanto, muy importante que a la hora de diseñar las Unidades Didácticas de la programación se trabajen de forma selectiva integrada las diferentes competencias a través del desarrollo curricular de las diferentes materias.

El trabajo en las áreas y materias del currículo para contribuir al desarrollo de las competencias básicas debe complementarse con diversas medidas organizativas y funcionales, imprescindibles para su desarrollo.

Así, **la organización y el funcionamiento de los centros y las aulas, la participación del alumnado, las normas de régimen interno, el uso de determinadas metodologías y recursos didácticos, o la concepción, organización y funcionamiento de la biblioteca escolar, entre otros aspectos, pueden favorecer o dificultar el desarrollo de competencias asociadas a la comunicación, el análisis del entorno físico, la creación, la convivencia y la ciudadanía o la alfabetización digital.**

Igualmente, la **acción tutorial** permanente puede contribuir de modo determinante a la adquisición de competencias relacionadas con la regulación de los aprendizajes, el desarrollo emocional o las habilidades sociales.

Por último, **la planificación de las actividades complementarias y extraescolares** puede reforzar el desarrollo del conjunto de las competencias básicas. En el marco de la propuesta realizada por la Unión Europea, y de acuerdo con las consideraciones que se acaban de exponer, se han identificado ocho competencias básicas.

A efectos del Real Decreto de Primaria (Está pendiente el desarrollo del currículo básico de Secundaria), las competencias básicas del currículo se han reducido a siete y serán las siguientes:

1.º **Comunicación lingüística.**
2.º **Competencia matemática y competencias básicas en ciencia y tecnología.**
3.º **Competencia digital.**
4.º **Aprender a aprender.**
5.º **Competencias sociales y cívicas.**
6.º **Sentido de iniciativa y espíritu emprendedor.**
7.º **Conciencia y expresiones culturales.**

Para una adquisición eficaz de las competencias y su integración efectiva en el currículo, deberán diseñarse actividades de aprendizaje integradas que permitan al alumnado avanzar hacia los resultados de aprendizaje de más de una competencia al mismo tiempo. Se potenciará el desarrollo de las competencias Comunicación lingüística, Competencia matemática y competencias básicas en ciencia y tecnología.

En orden a facilitar la exposición, las agruparemos en los tres grandes ámbitos a los que se refieren y deberían tomarse como referencia a la hora de confeccionar las unidades didácticas:

3.2. ESTRATEGIAS PARA LA INTEGRACIÓN DE LAS COMPETENCIAS EN LA PROGRAMACIÓN Y UNIDADES DIDÁCTICAS

En todas las materias que conforman la etapa de la ESO podemos desarrollar unidades didácticas que integren las competencias básicas por ámbitos de aplicación. Para ello, **deberemos proceder adoptando una estructura curricular organizada en sesiones con un enfoque interdisciplinar y que integre diversas estrategias didácticas**. Proponemos, a modo de guía, una serie de recomendaciones generales aplicables a todas las materias para una integración efectiva de estas competencias:

1. **Identificar actividades en las diferentes áreas que integren la comprensión lectora y la expresión escrita** (con textos aplicados a nuestra especialidad).

2. **Fomentar el trabajo en grupo** con actividades o trabajos que contemplen la iniciativa personal dentro el grupo y la colaboración entre el alumnado.

3. **Integrar la realidad social del centro educativo**, de su localidad, del país y de las culturas foráneas como un mecanismo de trabajo en proyectos mensuales, trimestrales... que traten bloques de contenido de nuestras materias. (Proyectos de ayuda al tercer mundo, a ONG o a grupos de la localidad que necesiten ayuda social).

4. **Utilización de las TIC para integrar a los alumnos en la Sociedad de la Información**. El desarrollo de periódicos digitales o en papel, desarrollo de páginas *web, blogs*, radio en Internet, etc., con la ayuda de estas herramientas tecnológicas, conseguimos un avance significativo en los tres ámbitos de aplicación de las competencias básicas.

5. **El trabajo colaborativo y coordinado entre departamentos didácticos afines** (por ejemplo: Lengua, Ciencias Sociales,

Inglés) en el tratamiento interdisciplinar con proyectos comunes o con contenidos solapados que ayuden a transmitir de forma integral la asimilación de estas competencias básicas.

6. **Promover actividades extraescolares** que contemplen visitas que complementen el desarrollo curricular por evaluación y de forma colaborativa entre los diferentes departamentos didácticos.

7. **Utilizar la tutoría como un mecanismo de ayuda y soporte para la asimilación del ámbito personal de los alumnos**; ayudándoles a integrarse en el grupo-clase y en la comunidad educativa.

8. **Los equipos directivos pueden fomentar actividades en las que se implique a toda la comunidad educativa del centro escolar en un proyecto común**. (Por ejemplo, tematizar cada mes lectivo con un objetivo común: solidaridad, educación vial, etc.); de forma que toda la comunidad se integre en proyectos comunes con charlas, trabajos en las distintas materias y dentro y fuera del aula con ayuda de otras entidades locales o municipales.

9. **Utilizar la biblioteca del centro escolar** como uno de los mejores recursos en todas las materias para aprender a aprender.

3.3. LAS COMPETENCIAS BÁSICAS Y LAS ÁREAS DEL CURRÍCULO

A continuación mostramos en forma de tabla, las áreas prioritarias que más relación tienen con las diferentes competencias, aunque no es excluyente que cada materia contribuya de forma particular a cada competencia básica.

COMPETENCIA EN COMUNICACIÓN LINGÜÍSTICA	ÁREAS IMPLICADAS
La competencia en comunicación lingüística se refiere a la utilización del lenguaje como instrumento tanto de comunicación oral y escrita como de aprendizaje y de regulación de conductas y emociones. La comunicación en lenguas extranjeras exige también poseer capacidades tales como la mediación y la comprensión intercultural. Esta competencia contribuye a la creación de una imagen personal positiva y fomenta las relaciones constructivas con los demás y con el entorno. Aprender a comunicarse es establecer lazos con otras personas, es acercarnos a nuevas culturas que adquieren consideración y afecto en la medida en que se conocen. El desarrollo de la competencia lingüística es clave para aprender a resolver conflictos y para aprender a convivir.	**Lengua Castellana y Literatura y Literatura. Lengua Extranjera** **Todas las áreas**

COMPETENCIA MATEMÁTICA Y COMPETENCIAS BÁSICAS EN CIENCIA Y TECNOLOGÍA	ÁREAS IMPLICADAS
Habilidad para utilizar números y sus operaciones básicas, los símbolos y las formas de expresión y razonamiento matemático para producir e interpretar informaciones, para conocer más sobre aspectos cuantitativos y espaciales de la realidad y para resolver problemas relacionados con la vida diaria y el mundo laboral. Habilidad para interactuar con el mundo físico, tanto en sus aspectos naturales como en los generados por la acción humana, de modo que facilite la comprensión de sucesos, la predicción de consecuencias y la actividad dirigida a la mejora y preservación de las condiciones de vida propia, de los demás hombres y mujeres y del resto de los seres vivos	**Matemáticas Ciencias de la Naturaleza Ciencias Sociales, Geografía e Historia Tecnología Informática Educación Física**

COMPETETENCIA DIGITAL	ÁREAS IMPLICADAS
Habilidades para buscar, obtener, procesar y comunicar la información y transformarla en conocimiento. Incluye aspectos diferentes que van desde el acceso y selección de la información hasta el uso y la transmisión de ésta en distintos soportes, incluyendo la utilización de las tecnologías de la información y la comunicación como un elemento esencial para informarse y comunicarse.	**Informática Tecnología** **Todas las áreas**

COMPETENCIAS SOCIALES Y CÍVICAS	ÁREAS IMPLICADAS
Esta competencia permite vivir en sociedad, comprender la realidad social del mundo en que se vive y ejercer la ciudadanía democrática. Incorpora formas de comportamiento individual que capacitan a las personas para convivir en una sociedad cada vez más plural, relacionarse con los demás, cooperar, comprometerse y afrontar los conflictos. Adquirir esta competencia supone ser capaz de ponerse en el lugar del otro, aceptar las diferencias, ser tolerante y respetar los valores, las creencias, las culturas y la historia personal y colectiva de los otros.	**Educación para la ciudadanía Educación ético-cívica** **Todas las áreas**

COMPETENCIA CONCIENCIA Y EXPRESIONES CULTURALES	ÁREAS IMPLICADAS
Esta competencia supone apreciar, comprender y valorar críticamente diferentes manifestaciones culturales y artísticas, utilizarlas como fuente de disfrute y enriquecimiento personal y considerarlas como parte del patrimonio cultural de los pueblos.	**Ciencias Sociales, Ed. plástica y visual Música Lengua Castellana Cultura clásica Todas las áreas**

COMPETENCIA APRENDER A APRENDER	ÁREAS IMPLICADAS
Aprender a aprender supone iniciarse en el aprendizaje y ser capaz de continuarlo de manera autónoma. Supone también poder desenvolverse ante las incertidumbres tratando de buscar respuestas que satisfagan la lógica del conocimiento racional. Implica admitir diversidad de respuestas posibles ante un mismo problema y encontrar motivación para buscarlas desde diversos enfoques metodológicos.	Todas las áreas

COMPETENCIA SENTIDO DE INICIATIVA Y ESPÍRITU EMPRENDEDOR	ÁREAS IMPLICADAS
Esta competencia se refiere a la posibilidad de optar con criterio propio y llevar adelante las iniciativas necesarias para desarrollar la opción elegida y hacerse responsable de ella, tanto en el ámbito personal como en el social o laboral.	Todas las áreas

CONCLUSIONES

Al terminar esta unidad el alumno debe tener claro que los objetivos determinan los fines que persiguen el sistema educativo, lo que adaptado a nivel grupo aula conlleva a que serán los objetivos los que determinen las metas dentro del proceso de enseñanza aprendizaje que nos marcamos con nuestra programación. De ahí la importancia que tiene conocer las diferentes clases de objetivos en función del nivel curricular en el que estemos programando. Por este motivo, se hace fundamental el conocimiento de los diferentes objetivos que marca el currículo para nuestra área así como el dominio en la selección, secuenciación y formulación de objetivos, técnicas clave para una correcta adecuación de nuestras programaciones a la realidad educativa y al grupo de alumnos.

Finalmente, el lector debe familiarizarse y conocer las relaciones con los objetivos y las diferentes áreas de los nuevos ámbitos de aprendizaje que propone la actual ley educativa en forma de competencias básicas, que sirven y complementan a los objetivos para alcanzar los fines últimos propuestos por el actual sistema educativo.

UNIDAD 3
EL MODELO DE DESARROLLO CURRICULAR

El objetivo de esta unidad es familiarizarse con el diseño y estructura del marco curricular así como los contenidos propuestos en el sistema educativo y los propios adaptados a las programaciones didácticas. En esta unidad analizaremos la definición de contenido para descubrir y potenciar su función como medio dentro del proceso de enseñanza y aprendizaje.

El conocimiento de los contenidos que presenta el marco curricular, así como su posterior selección y secuenciación es la base de toda programación, por lo que en la unidad podremos conocer y manejar las diferentes técnicas para que dicho proceso se adecue lo más posible a las características u experiencias previas de los alumnos a los que va dirigido.

Conoceremos, además, los diferentes enfoques para el desarrollo de la parte teórica y práctica del proceso de enseñanza-aprendizaje y la forma de materializarlo en actividades.

Finalmente indagaremos sobre los contenidos no específicos que no se gestionan desde un área individual, sino que son una serie de valores comunes a todas las áreas de secundaria y del resto de la etapa obligatoria, hablamos de la educación en valores que inspira toda la LOMCE y que viene inspirada en los artículos 1 y 2 de la mencionada Ley Orgánica.

1. EL CURRÍCULO

En virtud de las competencias atribuidas a las administraciones educativas, corresponde a éstas establecer el currículo de la Educación Secundaria Obligatoria y del Bachillerato, del que formarán parte las enseñanzas mínimas fijadas en el real decreto y que requerirán, con carácter general, el 55 por 100 de los horarios para las Comunidades Autónomas que tengan lengua cooficial y el 65 por 100 para aquellas que no la tengan.

Nuevo diseño curricular en ESO y Bachillerato

En la actual ley educativa (LOMCE, 2013), las asignaturas se agrupan en 3 bloques:

- **En el bloque de asignaturas troncales** se incluyen aquellas asignaturas que deben ser comunes a todo el alumnado, para garantizar los conocimientos y competencias esenciales que permitan adquirir una formación sólida y continuar con aprovechamiento las etapas posteriores.

- **El bloque de asignaturas específicas** permite una mayor autonomía a la hora de fijar horarios y contenidos de las asignaturas, así como para conformar su oferta.

- **El bloque de asignaturas de libre configuración autonómica** supone el mayor nivel de autonomía, en el que las Administraciones educativas y en su caso los centros pueden ofrecer asignaturas de diseño propio, entre las que se encuentran las ampliaciones de las materias troncales o específicas.

Esta distribución no obedece a la importancia o carácter instrumental o fundamental de las asignaturas, sino a la distribución de competencias entre el Estado y las Comunidades Autónomas, acorde con la Constitución española.

Los contenidos hacen referencia a cualquier aspecto de la realidad susceptible de ser conocido y en relación al cual el alumno puede realizar diferentes tipos de aprendizaje más o menos complejos. En este sentido, el término contenido curricular va más allá de los temas académicos en sentido clásico.

En un proceso educativo orientado al desarrollo de capacidades o competencias, los contenidos se convierten básicamente en herramientas o instrumentos para ese fin, es decir, los contenidos dejan de ser el fin en sí mismo del proceso de enseñanza-aprendizaje para constituir el medio para desarrollar las capacidades y competencias del alumno. De este modo los contenidos cobran sentido y utilidad.

Los contenidos se podrían definir como el conjunto de conceptos, hechos, principios, habilidades, destrezas y actitudes que sirven de eje para organizar las actividades en el proceso de enseñanza-aprendizaje y constituyen el medio para alcanzar el desarrollo de las capacidades previsto en los objetivos. En este apartado de la programación respondemos al **qué enseñar**. La respuesta a esta pregunta lleva consigo un tratamiento de los contenidos. El manejo de los contenidos, dependiendo de la flexibilidad y la apertura de los currículos de las áreas comprende las tareas siguientes:

• **Selección:** Nos referimos a la elección, en la medida que nos permita el currículo prescriptivo, de aquellos contenidos más relevantes en nuestro contexto. En esta medida también se puede optar por desglosar el bloque temático en unidades más pequeñas seleccionando el número, la amplitud, la diversidad y la densidad de los contenidos de cada unidad.

• **Secuenciación:** Se refiere a la formulación de los contenidos en función de la complejidad, profundidad, significatividad y/o cualquier otro criterio que incida en el momento en que esos contenidos deban ser impartido

- **Organización:** Se refiere a la relación entre los contenidos, la priorización o jerarquización en la red de conceptos, así como a la presentación de los mismos. En la selección, secuenciación y organización de los contenidos hay que atender tanto a la significatividad lógica de la materia como a la significatividad psicológica de los alumnos. Por ello, debemos establecer los criterios por los que seleccionar, secuenciar y organizar los contenidos. Entre los más importantes podemos destacar los siguientes:

  - Conocimientos previos del alumno.
  - Entorno natural y social del centro.
  - Nivel general del alumnado del grupo-clase.
  - Estructura lógica de la disciplina.
  - Necesidades cognoscitivas del alumnado: *que formen parte de una estructura organizada, consecuente con sus conocimientos previos y relevantes y funcionales.*
  - Recursos con los que se cuenta.
  - Intereses del alumnado.

Estos criterios responden a los siguientes principios:

Validez: Sirven para alcanzar los objetivos propuestos.
Significación: Son funcionales, útiles para el alumno.
Adecuación: Se adaptan a la competencia cognitiva del alumnado.
Interdisciplinariedad: Se integran en una relación fluida con otras disciplinas.
Globalización: Superan una visión parcial de la realidad.

En las corrientes pedagógicas actuales se distinguen dos tipos de contenidos: teóricos y prácticos y funcionales desde la perspectiva y asunción de las competencias básicas.

Los **contenidos teóricos** están relacionados con el ámbito del pensamiento e incluyen conceptos, definiciones, hechos, leyes, principios, teorías… Constituyen la idea más clásica de contenido. Responden a la pregunta ¿qué? y están vinculados con el término saber.

Los **contenidos prácticos y funcionales** están relacionados con el ámbito de la acción e incluyen técnicas, métodos, estrategias, habilidades, destrezas, actuaciones… Responden a la pregunta ¿cómo se hace? y están vinculados con el término saber hacer y al desarrollo de las ocho competencias básicas.

Ambos tipos de contenidos deben ser impartidos de forma coherente y compensada en el tiempo; prevaleciendo los contenidos prácticos y funcionales sobre los teóricos. Asimismo, toda la educación se impregnada por una acción efectiva en pro de la educación en valores. Los artículos 1 y 2 de la LOMCE hacen una apuesta definitiva por la transmisión de principios como los siguientes: solidaridad, respeto entre iguales, etc. **(Es recomendable leer ambos artículos y realizar una aportación en la programación didáctica y en el desarrollo de las unidades didácticas de elementos transversales).**

Debemos recordar que es necesario que los tres tipos de contenidos sean recogidos en la programación, si pretendemos un desarrollo integral y equilibrado de las capacidades y competencias de nuestros alumnos:

Teóricos: Conocimientos de principios, hechos, conceptos, leyes, teorías.
Términos relacionados: Analizar, Clasificar, Comentar, Comparar, Conocer, Describir, Descubrir, Distinguir, Enumerar, Explicar, Generalizar, Identificar, Indicar, Inferir, Interpretar, Memorizar, Reconocer, Recordar, Relacionar, Resumir, Señalar, Situar…

Prácticos y Funcionales Desarrollo de habilidades, destrezas, técnicas, estrategias...
Términos relacionados: Aplicar, Comentar, Componer, Confeccionar, Construir, Debatir, Demostrar, Elaborar, Ejecutar, Evaluar, Experimentar, Formular, Manejar, Observar, Planificar, Probar, Recoger, Representar, Reproducir, Simular, Utilizar...

Fomento de los Elementos Transversales: Valores, hábitos, actitudes, intereses...
Términos relacionados: Aceptar, Actuar, Apreciar, Comportarse, Criticar, Darse cuenta, Disfrutar, Estar sensibilizado, Interesarse, Obedecer, Permitir, Practicar, Preferir, Preocuparse, Responsabilizarse, Sentir, Ser consciente, Solidarizarse, Tolerar, Valorar...

2. ESTRUCTURA CURRICULAR DE LAS MATERIAS

El currículo es uno de los referentes fundamentales a la hora de programar ya que en él se integran aspectos nucleares del proceso de enseñanza-aprendizaje. Como vimos en la unidad primera las diferentes comunidades con competencias en educación regulan su propio decreto de currículo respetando las enseñanzas mínimas vistas en el párrafo anterior.

Es, por lo tanto, un documento esencial a la hora de diseñar la programación didáctica que se organiza de forma piramidal y en el que son parte esencial los siguientes apartados:

- **INTRODUCCIÓN EXPLICATIVA Y CONTEXTUALIZADA DE LA MATERIA**

Una introducción aplicada a cada curso donde se explica la filosofía educativa que se promueve en cada curso haciendo un repaso breve de los contenidos.

- **CONTENIDOS**

Expresados en "bloques". Aparecen desarrollados los contenidos expresados en bloques y aparece de nuevo la distinción en conceptuales, procedimentales y actitudinales. Es conveniente identificar los procedimientos fundamentales de cada materia para que su trabajo sea sistemático durante el curso escolar y aparezca de forma expresa en el desarrollo de las unidades didácticas.

- **CRITERIOS DE EVALUACIÓN**

Aparecen enunciados para cada curso y contextualizados para que sirvan de guía a los profesores a la hora de orientar su evaluación, los procesos de calificación y de asimilación de las competencias básicas.

- **ESTÁNDARES DE APRENDIZAJE EVALUABLES**

Son los indicadores de evaluación que sirven para objetivar la evaluación y nos orientan sobre el tipo de actividades y tareas a realizar.

2.1. CRITERIOS DE SECUENCIACIÓN CURRICULAR

Las relaciones y la forma de vincular los diferentes contenidos de aprendizaje que conforman las unidades didácticas es lo que denominamos *organización de contenidos*. Sabemos que los contenidos, a pesar de que a menudo se presenten en clase por separado, tienen más potencialidad de uso y de comprensión cuanto más relacionados estén entre sí. Muchos de los esfuerzos del profesorado están encaminados a ofrecer modelos interpretativos que integren contenidos teóricamente aislados o específicos para incrementar su valor formativo.

Atendiendo a esta filosofía organizativa no hay que respetar la organización curricular de los bloques sino **intervenir de forma didáctica para interrelacionarlos y secuenciarlos de forma progresiva y coherente para la adquisición de los objetivos generales de la materia.**

Hay que atender también al Proyecto Educativo de Centro (PEC), la Programación General Anual (PGA) y al contexto socio-educativo que presenten los alumnos a los que va destinada la programación.

Los principales pasos para secuenciar el currículo son:

1. Identificar los principales elementos del contenido.
2. Identificar las relaciones entre los mismos y las estructuras correspondientes.
3. **Establecer una secuencia que respete los principios del aprendizaje significativo**: Ordenar los elementos de acuerdo con una secuencia que proceda de lo más general a lo más detallado y de lo más simple a lo más complejo.

Los principales elementos curriculares susceptibles de secuenciación serían: los conceptos, hechos, principios, procedimientos, valores, actitudes y normas.

2.2. APROXIMACIONES TEÓRICAS A LA TIPOLOGÍA DE DESARROLLO CURRICULAR

Para el desarrollo curricular se pueden aplicar diferentes aproximaciones teóricas que se materializan en aplicaciones prácticas en las unidades didácticas. Los **tres enfoques** prioritarios en didáctica actual se pueden resumir en:

- La *multidisciplinariedad* es la organización de contenidos más tradicional. Los contenidos escolares se presentan por materias independientes las unas de las otras. El conjunto de materias o asignaturas se propone simultáneamente sin que aparezcan explícitamente las relaciones que pueden existir entre ellas. Se trata de una forma de organización sumativa. Esta concepción es generalmente adoptada en el Bachillerato actual.

- La *interdisciplinariedad* es la interacción entre dos o más disciplinas, que puede ir desde la simple comunicación de ideas hasta la integración recíproca de los conceptos fundamentales y de la teoría del conocimiento, la metodología y los datos de la investigación. Estas interacciones pueden implicar transferencias de leyes de una disciplina a otra, e incluso en algunos casos dan lugar a un nuevo cuerpo disciplinar, como por ejemplo la bioquímica o la psicolingüística. Podemos encontrar esta concepción en la configuración de las áreas de Ciencias Sociales y Ciencias Experimentales en Secundaria Obligatoria y del área de Conocimiento del Medio en Primaria.

- La *transdisciplinariedad* es el grado máximo de relaciones entre las disciplinas, por lo que supone una integración global dentro de un sistema totalizador. Este sistema facilita una unidad interpretativa, con el objetivo de constituir una ciencia que explique la realidad sin parcelaciones. En la actualidad, constituye más un deseo que una realidad.

En la **etapa de Secundaria Obligatoria** se hace necesario partir de un **planteamiento interdisciplinar** en unidades didácticas, **de ahí que surjan las competencias básicas** como uno de las estrategias didácticas que fomentan esta perspectiva en la enseñanza secundaria. Los profesores a la hora de programar deben comprender la estructura curricular de las diferentes materias no sólo de la suya y buscar puentes entre materias afines que fomenten un trabajo colaborativo entre los diferentes departamentos de forma que el diseño de unidades didácticas integren contenidos interdisciplinares en la misma secuencia de currículo para hacerlos más comprensivos.

En la **etapa de Bachillerato** se suele adoptar un **enfoque metadisciplinar** enfocado en la materia de forma prioritaria y dejando el aspecto interdisciplinar para aspectos puntuales. También se trabaja la iniciativa a la investigación personal y grupal del alumnado, así como las técnicas de trabajo avanzado en las diferentes áreas del currículo.

2.3. LA INTERDISCIPLINARIEDAD DE LOS CONTENIDOS

Este panorama educativo que se marca objetivos comunes y los desarrolla en contenidos por materias presenta desafíos para la educación en general y la educación secundaria en particular.

Desafíos que deben ser atendidos con un abordaje más integral que rebase lo *unidisciplinar*, a partir de la **interdisciplinariedad** que suponen formas de apropiación del conocimiento, tanto para su explicación y comprensión como en la generación de respuestas alternativas de solución. La interdisciplinariedad supone la existencia de interrelaciones reales entre las disciplinas, en donde se da una verdadera reciprocidad de intercambios y enriquecimiento mutuos. Las disciplinas que se relacionan o modifican, dependen unas de otras y transforman sus metodologías, conceptos y lenguaje. Estas interrelaciones pueden darse en una interrelación parcial *(vgr. el uso de la Teoría de Conjuntos es utilizada por distintas disciplinas para poder explicar fenómenos propios de cada una de ellas),* total o estructural *(vgr. cibernética)* y tangencial (*vgr. Neurofisiología, sociolingüística*).

En lo curricular, debemos platearnos unas estrategias metodológicas que no parcelen el saber en disciplinas aisladas como compartimentos estancos, lo que lleva en la formación a una excesiva especialización que fragmenta el conocimiento en áreas y obstaculiza la comprensión de la pluralidad y complejidad de las dimensiones de la realidad, incluso que escinde lo académico de la vida real.

En el actual marco educativo, se establece como ejes comunes interdisciplinares para toda la educación obligatoria contenidos como *la comprensión lectora, la expresión oral y escrita, la comunicación audiovisual, las tecnologías de la información y la comunicación y la educación en valores,* siendo todos estos contenidos trabajados de forma común en cada una de las áreas que conforman la Educación Primaria y Secundaria.

El proceso interdisciplinario se fortalece para atender los problemas de manera integral porque incluye intercambios disciplinarios que generan enriquecimiento mutuo y transformación e implican interacción, cooperación y circularidad entre las distintas disciplinas a través de su reciprocidad, con intercambio de instrumentos, métodos, técnicas, etc. Proceso que, por cierto, requiere llevarse a cabo desde la especificidad de cada disciplina.

Asumida la interdisciplinariedad de esta forma, los contenidos curriculares se pueden organizar tomando en cuenta los siguientes criterios:

A. Respeto a la especificidad de cada disciplina y su propia lógica de conceptos, teorías y métodos.
B. Relacionar solo aquello que es relacionable de acuerdo con las finalidades, nivel evolutivo de los alumnos y la misma historia de la disciplina.
C. Tener en cuenta la complejidad de las disciplinas y reconocer que las relaciones son posibles a veces, sólo en algunos componentes.
D. Mantener la coherencia de principios epistemológicos o de concepción de la ciencia en las distintas disciplinas que se pretende relacionar.
E. Asumir las dificultades de integración tomando en cuenta la integración interna de distintas teorías de una misma disciplina o entre distintas disciplinas.

En la articulación interdisciplinaria de cada disciplina es importante su función y su individualidad. Cuando cada disciplina está nítidamente identificada y estructurada, podemos recién orientarnos a la interdisciplinariedad. El principio de la articulación disciplinaria se basa en las correspondencias estructurales, en las intersecciones y en los vínculos interdisciplinarios. Esto es importante, porque la integración no se realiza exclusivamente a nivel de las disciplinas, sino a través de todos los profesores, que en grupos heterogéneos aportan prácticas convergentes. Es por ello que la cooperación orgánica entre los docentes es básica para la consecución de los objetivos y el fomento de las competencias básicas; por ello, son importantes los siguientes requisitos para que la interdisciplinariedad sea tal:

- **Trabajo en equipo:** formación de actitudes cooperativas entre los docentes.
- **Intencionalidad:** que la relación entre las disciplinas sea provocada. El encuentro fortuito entre disciplinas no es interdisciplinariedad.
- **Flexibilidad:** que exista apertura en cuanto a búsqueda de modelos, métodos de trabajo, técnicas; sin actitudes dogmáticas, con reconocimiento de divergencias y disponibilidad para el diálogo.
- **Cooperación recurrente:** que haya continuidad en la cooperación entre las disciplinas para lograr cohesión del equipo. Una cooperación ocasional no es interdisciplinar.
- **Reciprocidad:** está dada por la interacción entre las disciplinas. La reciprocidad lleva al intercambio de métodos, conceptualizaciones, códigos lingüísticos, técnicas, resultados, etc.

Como hemos señalado uno de los problemas de la organización tradicional en asignaturas es que éstas se aíslan, se descontextualizan, se alejan de la realidad, se convierten en fines de sí misma, en lugar de ser un instrumento para el logro de otras finalidades.

Por lo tanto, nos parecería necesario fomentar que las actividades didácticas se afronten desde el concepto de la interdisciplinariedad con los siguientes objetivos:

- **Una mayor coordinación entre los profesores** que imparten docencia a un mismo grupo de alumnos, que rompa las barreras existentes y permita el trabajo colaborativo, no sólo dentro de la misma área de conocimiento sino también entre áreas afines, lo que conlleva la necesidad de la toma de decisiones colectiva respecto a la planificación y ejecución de los actos y experiencias educativas.
- **Superar la fragmentación de la enseñanza** que se imparte en nuestros en los planes de estudio, que se da a partir de la atomización del conocimiento en asignaturas independientes o la delimitación de tribus y territorios académicos a partir de la disciplina.
- **Formación de redes de comunicación horizontal** en el marco de las respectivas instituciones de educación, como consecuencia de la formación de las diferentes estructuras de planificación, comunicación y toma de decisiones integradas por profesores de diferentes grupos de alumnos.
- **Romper con la separación entre teoría y práctica** en todos los campos, procurando interpretar la práctica desde la teoría y de reconfigurar y/o confirmar la teoría con la propia práctica, que de cómo consecuencia una nueva cultura de trabajo en torno a aprendizajes basados en proyectos desde una perspectiva global, con el objetivo de motivar, estimulando la autonomía, iniciativa, creatividad y aplicación del conocimiento significativo.

- **Disponer de estructuras organizativas que hagan viable un proceso de innovación educativa** centrada en las propuestas relativas a la transversalidad como estrategia docente.
- **Una mayor flexibilidad en la enseñanza.** La interdisciplinariedad implica necesariamente una mayor flexibilidad en la forma de impartir los conocimientos. De todos es sabido, que la

flexibilidad, adaptabilidad y creatividad son determinantes muy importantes de la eficacia de los profesores.

CONCLUSIONES

Al terminar esta unidad el alumno debe tener claro la estructura que adopta el currículo, la función de los contenidos dentro del propio marco curricular en general y de las programaciones didácticas en particular. Para ello, debemos manejar los contenidos como medio para alcanzar los fines que nos hemos propuesto como meta en el proceso de enseñanza y aprendizaje. Lograr los objetivos propuestos pasa por el manejo de las diferentes modalidades de contenidos (teórico y prácticos junto con la promoción de las Educación en Valores), así como las técnicas (partir del conocimiento previo de los alumnos, entorno del centro, estructura propia del área, características y necesidades propias de los alumnos...) y criterios para la selección y secuenciación de los mismos (interdisciplinariedad, validez, significación, adecuación, globalización...).

Cada materia tiene una serie de contenidos específicos que debemos conocer y manejar pero también existen otra serie de contendidos, a los que llamamos "transversales" y que son comunes a todas las áreas y que deben desarrollarse por medio de una didáctica efectiva en relación con las competencias básicas.

El adecuado conocimiento de la estructura curricular, la selección y secuenciación de contenidos, así como el tratamiento efectivo de las competencias básicas, nos va a permitir elaborar una programación de la enseñanza de calidad, adecuadas al curso, centro de estudio y alumnos a los que van dirigidas.

UNIDAD 4
LOS PROCESOS METODOLÓGICOS

El objetivo de esta unidad es que el lector comprenda las estrategias metodológicas más productivas para que puedan ser integradas en el proceso de enseñanza-aprendizaje y posteriormente se puedan plasmar en la mejora del proceso de enseñanza-aprendizaje.

Es necesario que estas estrategias se tomen de forma consensuada en el seno de los departamentos didácticos para que así puedan llegar a un mayor número de estudiantes y sirvan de referente en a lo largo de toda las etapas educativas.

En el desarrollo de metodologías más inclusivas y eficaces se hace necesario el conocimiento en profundidad de los modelos curriculares, de las circunstancias que rodean el contexto educativo y de los aspectos socio-afectivos y académicos de los estudiantes. El enfoque competencial es el que debe prevalecer sobre el conceptual y meramente memorístico.

Para finalizar la unidad, profundizaremos en las tecnologías de la información y comunicación, que además de ser un objetivo y contendido a trabajar en las diferentes áreas constituyen un elemento de innovación pedagógica de suma importancia en el actual contexto de la Sociedad de la Información y la Comunicación.

1. LA METODOLOGÍA

La metodología es uno de los aspectos fundamentales que cualquier docente debería atender con especial atención. En la esfera metodológica es donde se proyecta el saber hacer del profesional de la educación y donde tiene sentido el hecho de programar. **La competencia como profesionales de la educación se centra fundamentalmente en la capacidad para organizar los contenidos con una metodología lo más significativa posible dependiendo del contexto en el que se vaya a aplicar** y, junto con esta metodología, habilitar unos cauces para observar (*evaluar*) los logros conseguidos.

Los cambios actuales en la legislación educativa precisan de nuevas miradas en didáctica y metodología que integren nuevos materiales y recursos tanto para el desarrollo de la parte teórica de las materias como, sobre todo, para hacer más competenciales y útiles los contenidos aprendidos. Para ello, el profesorado debe buscar nuevas estrategias metodológicas que respondan a estas nuevas demandas. **Una buena aproximación metodológica es la base de un desarrollo adecuado de cualquier modelo curricular**, por lo que el profesor deberá cuidar esta parte de la programación y proceder con planteamientos claros y consistentes que demuestren sus habilidades pedagógicas.

Dentro de la Teoría Curricular, importa no sólo el **qué enseñar** (objetivos generales), el **cuándo enseñar** (objetivos y contenidos) sino también el **cómo enseñar** (estrategias metodológicas) y el **qué, cómo y cuándo evaluar** (estrategias y procedimientos de evaluación).

Las *estrategias metodológicas* son el punto de fusión entre los objetivos los contenidos y las competencias básicas contemplados en las dos unidades precedentes.

Por ello, no existe un método mejor que otro en términos absolutos, la "bondad" de los métodos depende de la situación concreta a la que se deseen aplicar: *nivel educativo, área curricular, situación de aprendizaje...* En términos relativos, una estrategia metodológica es más adecuada cuanto más se ajusta a las necesidades y maneras de aprender de cada tipología de estudiante.

Desarrollar el problema de la metodología en educación supone **buscar respuestas al cómo enseñar**, es decir, a estructurar las actividades de enseñanza-aprendizaje en las que van a participar los alumnos con el fin de alcanzar los objetivos propuestos con los contenidos seleccionados mediante una acción intencional, sistemática y planificada.

Sin embargo la exigencia de orientar y dar sentido inequívocamente educativo a las diferentes etapas de la Educación Secundaria conduce a la necesidad de hacer explícitos los principios básicos que impregnan todo el modelo curricular. Estos principios básicos de intervención educativa que están enmarcados en una **concepción constructivista del aprendizaje** escolar, aún sin identificarse con ninguna teoría en concreto, se pueden resumir en:

Necesidad de PARTIR DEL NIVEL DE DESARROLLO DEL ALUMNO en el aprendizaje escolar, atendiendo a dos aspectos: su nivel de competencia cognitiva, es decir, el nivel de desarrollo operatorio (Piaget, 1969) en el que se encuentra, y los conocimientos previos con los que el alumno inicia su participación en las experiencias educativas (Ausubel, 1977). **El inicio de un nuevo aprendizaje se realiza siempre a partir de los conceptos, representaciones y conocimientos que ha construido el alumno en el transcurso de sus experiencias previas.** Estos conocimientos le sirven como punto de partida e instrumento de interpretación de la nueva información.

El proceso de enseñanza-aprendizaje debe ASEGURAR LA CONSTRUCCIÓN DE APRENDIZAJES SIGNIFICATIVOS (Ausubel, 1973). Si el nuevo material de aprendizaje se relaciona de forma substantiva y no arbitraria con lo que el alumno ya sabe, y es asimilado a su estructura cognitiva se produce un aprendizaje significativo, duradero y sólido que pueda ser utilizado en las circunstancias reales en que el alumno lo necesite, es decir, **que sea funcional y competencial**. Si por el contrario no se alcanza dicha conexión, se producirá un aprendizaje memorístico o repetitivo, por lo general, condenado a rápido olvido. Todo aprendizaje significativo supone memoria comprensiva cuya importancia radica en que no es sólo el recuerdo de lo aprendido, sino el punto de partida para realizar nuevos aprendizajes y poderlos aplicar en diferentes situaciones personales, sociales, académicas y profesionales.

APRENDER A APRENDER, como objetivo ambicioso e irrenunciable de la educación escolar, equivale a **posibilitar que los alumnos realicen aprendizajes significativos por sí solos**. Por lo tanto, se primará la adquisición de estrategias de exploración, descubrimiento, planificación y regulación de la propia actividad.

EL ALUMNO ES EL VERDADERO ARTÍFICE DEL PROCESO DE APRENDIZAJE es quien, en último término, construye, modifica, enriquece y diversifica su conocimiento. La enseñanza ideal es la que parte del nivel de desarrollo del alumno, pero no para acomodarse a él, sino para hacerlo progresar y ampliarlo (Vigotsky, 1979). Por eso, debemos facilitar actividades que favorezcan trabajos cooperativos y relaciones de tipo tutorial, alumno-alumno, y que resalten la constatación de los resultados de la actividad propia y el papel educativo de los errores.

PROPICIAR UNA INTENSA ACTIVIDAD-INTERACTIVIDAD POR PARTE DEL ALUMNO. Esta actividad consiste en establecer relaciones ricas entre el nuevo contenido y los esquemas de conocimiento ya existentes, y se concibe como un proceso de naturaleza fundamentalmente interna y no simplemente manipulativa. Si después de la manipulación no se produce un proceso de reflexión sobre la acción, no se está llevando a cabo una verdadera actividad intelectual.

GLOBALIZACIÓN. A medida que se van sucediendo las etapas educativas la enseñanza va pasando de más globalizadora a más disciplinar. La perspectiva globalizadora no prescribe métodos, pero sí da pautas para organizar los procesos de enseñanza-aprendizaje basados en los intereses de los alumnos y la organización de la actividad constructiva como elemento de aprendizaje significativo. Por ello, podemos decir que la globalización inspira opciones metodológicas como: *centros de interés, método de proyectos...* Desde el punto de vista pedagógico-didáctico, globalizar supone:
- Partir de los intereses y motivaciones de los alumnos.
- Partir de los conocimientos previos de éstos para que a través de las oportunas relaciones "construir" conocimientos "significativos".

La mejor ayuda pedagógica será aquella que se plasme en diferentes grados de intervención, según los casos. Por lo que se refiere a la interacción alumno-alumno, las actividades que favorecen **trabajos cooperativos**, aquellas que provocan conflictos socio-cognitivos en los que se confrontan distintos puntos de vista, o aquellas en las que se establecen relaciones de tipo tutorial en las que un alumno cumple la función de profesor con otro compañero, son las que han mostrado repercusiones más positivas en el proceso de enseñanza y aprendizaje. Estos principios resultan incompatibles, a todas luces, con una concepción de la enseñanza entendida como pura transmisión de conocimientos. Más bien delimitan el concepto de educación como un conjunto de prácticas y actividades con las que los grupos sociales tratan de promover el desarrollo individual de sus miembros. De ahí arranca la necesaria individualización de la enseñanza cuyo criterio básico es el ritmo de aprendizaje: los alumnos más lentos necesitan más tiempo para aprender y los rápidos menos tiempo. La verdadera individualización consiste en adaptar los métodos de enseñanza a las características individuales de los alumnos pero de una forma real y no utópica.

Uno de los grandes retos que tiene que afrontar las actuales aproximaciones metodológicas es superar el manido marbete de la *individualización* y desarrollar un sistema más real que pueda tratar la utopía de un profesor atendiendo a treinta ritmos de aprendizaje diferentes. A continuación, presentamos algunas estrategias que pueden ayudar a negociar de forma óptima el desarrollo de una clase.

2. ESTRATEGIAS METODOLÓGICAS

La metodología y las estrategias metodológicas hacen referencia a *cómo enseñar*. Frente a estrategias que favorecen la competitividad entre los alumnos, existen otras alternativas metodológicas como el **trabajo por proyectos**, el **desarrollo de centros de interés, el aprendizaje cooperativo**,… que favorecen la maduración y el enriquecimiento personal y ayudan a respetar las diferencias entre los compañeros. En los últimos años se viene investigando y desarrollando experiencias sobre los tipos de estrategias de aprendizaje que más favorecen la socialización e integración de los alumnos en general y de los alumnos con necesidades educativas de apoyo específico, en particular. Parece que se puede afirmar (Coll, 1984) que la organización cooperativa de las actividades de aprendizaje, en comparación con las organizaciones competitivas o individualistas, es netamente superior en lo que se refiere:

- **Al rendimiento y productividad de los participantes.**
- **A generar pautas de socialización positivas.**

Las técnicas de aprendizaje cooperativo son estrategias de enseñanza estructurada que se basan en la colaboración y ayuda entre los alumnos, los cuales participan de un objetivo común cuyo logro es más importante que el éxito individual.

Por tanto, en las técnicas de aprendizaje cooperativo existen dos componentes que las diferencian de otros tipos de enseñanza en el aula:
1. **La tarea del grupo.**
2. **La recompensa basada en el grupo.**

Los criterios de formación de los grupos pueden variar en función de los objetivos, las materias curriculares, las características del grupo clase, la edad de los alumnos, etc. Pero serán grupos heterogéneos en cuanto al rendimiento, sexo, grupo étnico y/o cultural, compuestos de cuatro a seis alumnos.

En el grupo clase se pueden dar distintos tipos de agrupamiento según el tamaño de los grupos: gran grupo, grupo medio, grupo pequeño, trabajo individual. Nosotros nos detendremos en los tres últimos:

a) **Grupo medio** (grupo clase). Útil para:
- Debates, puesta en común.
- Soluciones de problemas acuerdos y desacuerdos.
- Mejora de las relaciones personales.
- Determinar normas.

b) **Pequeño grupo** (equipos de trabajo de 4/5 alumnos para desarrollo de proyectos, experiencias, discusión, etc.); indicado para la realización de trabajos que exijan búsqueda de información, aclaración de consignas y conceptos dados previamente en gran grupo, para desarrollar actitudes cooperativas. Útil para:
- Favorecer la individualización y aprendizaje significativo.
- Actitudes cooperativas.
- Introducir nuevos conceptos de especial dificultad.
- Aclarar información que se ha dado previamente en el gran grupo.
- Enriquecer al grupo con aportaciones diferenciadas.
- Autonomía y responsabilidad.

* **Ventajas del pequeño grupo**:
- Permite el trabajo cooperativo, el intercambio de opiniones y la búsqueda de soluciones conjuntas.
- Es una de las formas más adecuadas para entrenarles en la solución de problemas.
- Aumenta el número de variables (*opiniones desde diferentes puntos de vista*).
- Permite observar el comportamiento de los alumnos en grupo (*inhibición, pasotismo, liderazgo...*).
- Los alumnos adaptan el tiempo a su propio ritmo.
- Permite detectar necesidades individuales.

* **Inconvenientes del pequeño grupo**:
- Requiere planificación cuidada de las tareas a realizar.
- Dificultad para evaluar lo realizado y aprendido por cada alumno.
- Puede haber alumnos que no participen.
- Se diluyen los éxitos individuales en los resultados grupales.
- No aconsejable para tareas de alta concentración del alumno.
- Requiere una cierta madurez para aprender interactuando.

c) **Trabajo individual** para favorecer la reflexión y la práctica sobre los diversos contenidos de forma personalizada. Permite mayor grado de individuación adecuándose al ritmo y posibilidades de cada uno, proporcionándole todo tipo de ayuda y estructurando la situación. Útil para:
- Afianzar conceptos.
- Comprobar nivel del alumno.
- Detectar dificultades.
- Lecturas, observación, redacción, reflexión, preparación, explicación oral a los compañeros de trabajos.
- Trabajo de automatismos, técnicas, etc.

* **Ventajas del trabajo individual:**
- Es la forma más adecuada, a veces la única, de enseñar a algunos alumnos determinadas habilidades.

- Se puede adaptar la intervención a las necesidades concretas, ofreciéndole ayudas específicas según las dificultades.
- Permite altos índices de sistematización y estructuración de las tareas y situaciones, así como centrar al alumno en aspectos concretos.
- Permite conocer y evaluar al alumno con profundidad.

* **Inconvenientes del trabajo individual:**
- Requiere tiempo por parte del profesor (*planificación de tareas, preparación de materiales individuales, intervención*).
- Requiere una determinada organización de los elementos personales, materiales y del aula.
- No permite enseñar y aprender determinadas habilidades sociales.
- Limita el uso del lenguaje funcional como elemento de comunicación espontánea.

Las actividades se realizaran, según el tipo de tarea, individualmente, en pequeño grupo o en gran grupo; por lo tanto, el profesor debe decidir a la hora de organizar la clase el tipo de agrupamiento y negociarlo con los alumnos. El trabajo en grupo favorece la interacción entre alumnos y profesores. Según Coll (1984), se puede obtener una mejora significativa en los resultados de aprendizaje cuando existen puntos de vista moderadamente divergentes sobre la tarea a realizar y se produce un conflicto entre los mismos. Existen dos posibles formas de agrupamiento: **el gran grupo** (la clase entera) y el **pequeño grupo**. El agrupamiento que favorece al máximo las interacciones entre los alumnos es el pequeño grupo.

2.1. PRINCIPIOS METODOLÓGICOS EN LA ESO

En el establecimiento del currículo de la ESO adquieren gran relevancia los elementos metodológicos.

Es obvio que dichos elementos están condicionados de una parte, por las características físicas y psicológicas de los alumnos de esta etapa, y de otra, por las relaciones profesor-alumno y las que establecen los alumnos entre sí. Los cambios físicos propios de la pubertad, el proceso abierto de definición de la propia identidad, la inseguridad, el cuestionamiento de la autoridad establecida, la influencia del grupo de iguales, etc., son factores fundamentales en la situación enseñanza-aprendizaje.

Las posibilidades intelectuales de estos estudiantes cambian de forma cualitativa a lo largo de la etapa. El desarrollo de su capacidad de razonamiento les permitirá analizar y resolver problemas de tipo lógico-formal, abordar el aprendizaje de unos contenidos de carácter abstracto y afrontar situaciones gradualmente más complejas. Es también el momento en el que el alumno completa su proceso de socialización, que tendrá su expresión, entre otros, en el ámbito escolar. En este sentido, se fomentará un buen clima de convivencia en el aula para favorecer el intercambio fluido de información y experiencias, facilitándose la adquisición de nuevos conocimientos.

Para alcanzar los objetivos de esta etapa, se requiere una metodología didáctica fundamentada en algunos principios básicos del aprendizaje que formarán parte del proyecto curricular y que se adoptarán de forma coherente y, en la medida de lo posible, en todas las áreas. Cada profesor los adaptará en función de las características del grupo y se completarán con las contribuciones de la experiencia docente diaria.

El profesor adoptará el papel de guía del proceso de enseñanza-aprendizaje. Para que el aprendizaje resulte eficaz, es necesario tomar como referencia su nivel actual, es decir, los conocimientos previos que cada cual ya posee. Si la base de que dispone el alumno no está próxima a los nuevos contenidos no podrá enlazar de manera natural con ellos y, solamente, conseguirá un aprendizaje de tipo memorístico.

Por todo esto, se considera necesario que el profesor, en el transcurso de dicho proceso, los recuerde y active de forma sistemática ya que sobre ellos se asentarán los nuevos conocimientos.

En ocasiones, la tarea del profesor consistirá en proporcionar de una manera ordenada los contenidos relevantes —lo que se conoce como **aprendizaje por facilitación**—, mientras que otras veces resultará más apropiado disponer las condiciones y los materiales más idóneos para que el alumno, asumiendo una actitud más autónoma, adquiera su propio conocimiento —**aprendizaje por descubrimiento**— Siempre que sea viable deberá ofrecerse al alumno la posibilidad de practicar o aplicar los conocimientos, puesto que esto supone una de las mejores formas de consolidar los aprendizajes.

Por otra parte, el grado de motivación afecta directamente a su rendimiento académico. Para incrementarlo conviene hacer explícita la utilidad de los contenidos que se imparten. Esta utilidad puede entenderse al menos en dos sentidos, tanto en lo que se refiere a los aspectos académicos como a aquellos que atañen al desenvolvimiento en su ambiente cotidiano, académico y social.

De otro lado, **plantear algunas tareas como un desafío, como una meta con cierto grado de dificultad pero asequible al mismo tiempo, aumentará el interés en los adolescentes** y contribuirá a incrementar el grado de autonomía y la consideración positiva hacia el esfuerzo.

Un recurso metodológico que puede facilitar el intercambio de experiencias y la cooperación entre alumnos es el **trabajo en grupo** como acabamos de presentar, lo cual constituye no sólo un medio sino un fin en sí mismo en una sociedad que apuesta cada vez más por este procedimiento. Ahora bien, este recurso no puede ni debe aplicarse sin la debida reflexión.

Para asegurar el éxito del trabajo en grupo previamente tiene que seleccionarse cuidadosamente la actividad y el momento más adecuado para desarrollarla, definir claramente los objetivos que se pretenden y el procedimiento para llevarla a cabo, establecer de manera flexible la composición de los grupos y explicitar cómo y cuándo finalizará la tarea. En el desarrollo de las actividades el profesor encontrará inevitablemente diversidad en el aula, tanto en lo que se refiere a capacidades como a intereses por lo que será preciso que **su programación prevea distintos niveles de dificultad o profundización**.

Por otro lado, en el alumnado se pueden detectar dificultades de aprendizaje que, en ocasiones, requieran por parte del profesorado una atención individualizada o en grupos reducidos. **Se podrán adoptar medidas tales como actividades diferenciadas, utilización de otros materiales, agrupamientos flexibles, adaptaciones curriculares**, etc., llevadas a la práctica por cualquier profesor, o en su caso, por personas cualificadas para atender las dificultades que estos alumnos presentan, actuando de manera coordinada.

Otras vías de atención a la diversidad la constituyen la posibilidad que tiene el alumno y/o sus padres de elegir entre algunas de las materias que oferta el centro (optatividad), y la posibilidad de cursar un programa de diversificación curriculae y siguiendo itinerarios diferentes de contenidos.

2.2. PRINCIPIOS METODOLÓGICOS EN EL BACHILLERATO

El Bachillerato tiene una **triple finalidad: formativa, orientadora y preparatoria**. En función de esta triple finalidad, el Bachillerato ha de favorecer la madurez intelectual y humana de los estudiantes, así como proporcionar aquellos conocimientos y habilidades que les permitan desempeñar sus funciones sociales con responsabilidad y competencia y prepararles para estudios posteriores, sean universitarios o de formación profesional.

Los objetivos generales, se refieren al desarrollo de diversas capacidades que en esta Etapa se centran principalmente en aquellas que tienen relación con el desarrollo cognitivo, la relación interpersonal y la actuación e inserción social. Desde el punto de vista del desarrollo personal, se pretende desde distintos ámbitos, la consolidación de la madurez personal, social y moral que les permita actuar de forma responsable y autónoma siendo capaces, no sólo de analizar y valorar críticamente la realidad en la que viven, sino participar en su mejora.

Se refieren también a la profundización en el dominio de determinados conocimientos, por una parte el lingüístico, y por otra, los conocimientos científicos, técnicos y habilidades básicas propias de la modalidad que hayan elegido. Por último, se pretende que los alumnos alcancen la comprensión del método científico y los elementos de la investigación. Estos objetivos, entendidos como conjunto, deben considerarse como el punto de arranque o motor de todo el proceso educativo y como un principio organizador y dinámico alrededor del cual se articulan los distintos elementos del currículo. Los objetivos generales de la Etapa establecen las capacidades que se espera que haya desarrollado un alumno al final del Bachillerato, como consecuencia de la intervención educativa que el Centro ha planificado intencionalmente.

En cada uno de los objetivos, las capacidades, se presentan de forma interrelacionada, tal como sucede en el comportamiento de las personas, en el que las capacidades no se ejercitan de forma aislada, sino apoyadas unas en otras. El Equipo Docente se deberá esforzar, por lo tanto, en ayudar a desarrollar, no comportamientos específicos iguales para todo el alumnado, sino capacidades generales que pueden tener una concreción diversificada en cada alumno.

No existe ninguna metodología que pueda ser aplicable con carácter único e invariable a todos los alumnos y asignaturas. La metodología a emplear vendrá marcada por el tipo de alumnado, la naturaleza de los contenidos a tratar, el área o materia de que se trate y los objetivos que se persigan en cada momento. Por lo tanto, será una **metodología variada en función de las características del proceso de aprendizaje** que se esté llevando a cabo y su decisión última corresponde a los distintos Departamentos, quedando reflejada en las respectivas Programaciones Didácticas.

Podemos apuntar una serie de **principios metodológicos generales** entre los que cabe destacar: en primer lugar, se considera necesario asegurar un desarrollo integral de los alumnos, para lo cual es preciso una metodología que no se limite tan sólo a la adquisición de conceptos y conocimientos puramente académicos, sino que incluya otros aspectos que contribuyan al desarrollo integral de las personas como son las habilidades prácticas, las actitudes y los valores. La educación afectiva y social y la educación moral constituyen un elemento fundamental del proceso educativo.

Esta concepción integral de la educación implica incorporar al currículo, de forma transversal, elementos educativos básicos contenidos en nuestro ordenamiento constitucional. **Se trata, en suma, de obtener una cultura transformadora de la sociedad a través de los valores democráticos. Por ello, la vivencia de valores y el intercambio de pensamientos y sentimientos con compañeros y profesores ha de constituir un instrumento relevante.** A la vez que se fomenta la construcción del conocimiento y los valores humanos y universales, el conocimiento de nuestra región en sus múltiples manifestaciones debe ser un objetivo en todos los ámbitos educativos.

El conjunto de peculiaridades históricas, geográficas, artísticas, literarias, sociales, económicas e institucionales, habrá de ser incorporado al currículo a través de las diferentes áreas y materias. El objetivo de una educación de calidad para todos supone un cambio profundo en la concepción de la enseñanza, e implica, por una parte, una mayor flexibilidad organizativa de los centros y de la práctica pedagógica para adaptarse a las distintas capacidades, intereses y estilos de aprendizaje de los alumnos y, por otra, un apoyo especial a los centros situados en contextos socioculturales desfavorecidos.

La metodología didáctica se adaptará a las características de cada alumno, favorecerá su autoestima, la capacidad para aprender por sí mismo y en equipo y las habilidades de interacción social, dado el peso específico que en esta etapa evolutiva tiene el grupo de iguales.

Asimismo, habrá de tenerse en cuenta la relevancia que, en esta etapa, hay que otorgar a los elementos metodológicos y epistemológicos propios de las disciplinas que configuran las materias. Esa relevancia, por otra parte, se corresponde con el tipo de pensamiento y nivel de capacidad de los alumnos, que al comenzar estos estudios, han adquirido en cierto grado el pensamiento abstracto formal, pero todavía no lo han consolidado y deben alcanzar su pleno desarrollo en él.

La etapa del bachillerato comprende el intervalo de edad entre los 16 y los 18 años, por lo general coincidente con el final de la adolescencia y el tránsito a la juventud, que permite encauzar los gustos y los intereses de cada alumno con una adecuada orientación. Como etapa educativa que forma parte de la educación secundaria, el bachillerato requiere una conexión con la ESO que le precede y, al mismo tiempo, culminar el proceso formativo de los jóvenes para afrontar los retos académicos y profesionales de una sociedad en continua evolución.

El bachillerato aúna la triple finalidad de formación general con objetivos educativos propios e intrínsecos del bachillerato, carácter propedéutico o preparatorio, desarrollando una educación más especializada y que pone los fundamentos para posteriores opciones educativas, así como la vertiente orientadora, relacionada con la anterior, que posibilita la configuración de un itinerario educativo personal para cada alumno que se prolongará en estadios formativos posteriores.

Los intereses formativos de los alumnos llegan con el bachillerato a un mayor nivel de definición, por lo que el espacio de modalidad y opcionalidad planteado debe hacer posible un creciente nivel de motivación y un desarrollo de sus aptitudes e intereses cada vez más amplio.

El horizonte educativo en esta etapa, en suma, es el de profundizar, intensificar y acentuar los procesos encaminados a promover la autonomía del alumnado, no sólo en los aspectos cognitivos o intelectuales, sino también en su desarrollo social y moral.

Esa autonomía culmina, en cierto modo, en la construcción de la propia identidad, en el asentamiento de un autoconcepto positivo y en la elaboración de un proyecto de vida, vinculado a valores universalmente aceptados, en el que se reflejen las preferencias de los adolescentes, y también su capacidad de llevarlo a cabo.

Podemos decir que el logro de la identidad aparece cuando, tras haber superado períodos de crisis, inseguridad y moratoria, los adolescentes se reconocen a sí mismos como personas autónomas, independientes y únicas y son capaces de tomar decisiones responsables con respecto a su propia vida. A ello, ha de contribuir el currículo y toda la acción educativa, tanto la desarrollada en cada una de las áreas concretas, como la ejercida a través de la tutoría y de la orientación educativa.

3. LA FUNCIONALIDAD METODOLÓGICA

A) Adecuarse a los *estilos de aprendizaje*

Aunque no existe un acuerdo a la hora de definir el término estilo, la mayoría de los autores admiten que cada persona tiene una peculiar manera de percibir y procesar la información. Esto es lo que se puede entender por estilo cognitivo. La metodología en cada etapa debe ser lo más diversificada e integradora para poder llegar al mayor número de alumnos y a sus diversos estilos de aprendizaje.

La pieza clave de todo esto es que cada uno de nosotros participa en diferente medida de estos Estilos. Es importante que el docente conozca los Estilos de Aprendizaje de su alumnado para poder favorecer el proceso de enseñanza aprendizaje.

Una programación didáctica debe contemplar y atender el estilo de aprendizaje del centro (*de sus alumnos en el contexto escolar específico*); si un departamento didáctico tiene una buena aproximación metodológica podrá ir mejorándola, poco a poco, hasta conseguir que se adecue al contexto en el que se aplica (esa debería ser la meta: *la mejor metodología posible para el contexto en el que se va a desarrollar*).

B) Proporcionar un buen clima de trabajo en el aula: *una buena metodología que ayude a mejorar la disciplina en el aula.*

Para que la disciplina y el comportamiento del estudiante sea el esperado y no se convierta en un problema, podemos organizar varias esferas del proceso de enseñanza-aprendizaje que afectan a la metodología:

- **La organización de lo que hay que hacer en clase.**

La clase es un tiempo que dispone el profesor para desarrollar unas actividades de aprendizaje. Este tiempo tiene que estar "lleno", no puede haber periodos vacíos, sin que el alumno sepa qué es lo que tiene que hacer.

Cuando así sucede se están dando los primeros pasos para que surjan los problemas de disciplina.

> Es necesario, pues, que el profesor tenga claro qué es lo que va a hacer en el aula y asegurarse de que los alumnos lo saben.

- ❏ **Proponer variedad de actividades en la clase.**

La variedad de actividades en el tiempo previsto de clase favorece la motivación de los alumnos y hace más fácil el mantenimiento de un buen ambiente en la clase. La monotonía, la repetición sistemática, a la larga puede generar problemas de disciplina. Se trata de tener la habilidad de "sorprender" al alumno, cuanto más, mejor.

> En el tiempo de una clase tiene que haber momentos de explicación, de preguntas, actividades que requieran más concentración, otras que sean más distendidas, etc.

- ❏ **La manera de presentar la asignatura.**

Es importante saber qué alumnos tenemos delante, sus características, intereses, problemas familiares, nivel de conocimientos, etc. Hemos de partir del nivel de conocimientos que poseen en este momento para subir escalones en el proceso de enseñanza-aprendizaje.

> ¿La programación docente prevista es la correcta para la capacidad, la edad y los intereses de los alumnos? ¿Contiene suficientes ejercicios prácticos y prevé una participación del alumno. o consiste en una larga conferencia?

- ❏ **Variaciones en el estado de ánimo.**

El profesor se ha presentar habitualmente a los alumnos con un estado de ánimo equilibrado, sin variaciones afectivas. Esto constituye un reto personal, pues cada docente lleva sus circunstancias personales que influyen en el día a día, pero que ha de tratar de dejarlas a la entrada.

> Las variaciones anímicas del profesor se transmiten como por ósmosis a sus alumnos.

- **El manejo de premios y las correcciones.**

Se requiere un cierto autocontrol en lo que decimos a nuestros alumnos. Ante situaciones de irritación excesiva, podemos amenazar con "castigos" y medidas correctoras que, más tarde, en una situación más serena, sabemos que son prácticamente imposibles de cumplir. Estos episodios son captados por los alumnos ("mucho dice pero poco hace") y la consecuencia es el debilitamiento de nuestra autoridad y surgimiento de problemas de disciplina.

> El criterio es que todo lo que se dice referente a premios y "castigos" (medidas correctoras) hay que cumplirlo por parte del profesor o quedará muy seriamente debilitada su autoridad.

- **El uso adecuado y productivo de los agrupamientos.**

Es necesario que sepamos cómo sentamos a los alumnos en clase. Un buen agrupamiento debería evitarnos problemas de disciplina y a la vez, ayudarnos a manejar la diversidad del aula. Los agrupamientos que se mueven, que no dejan estancarse a los alumnos en situaciones fáciles y cómodas que derivan en problemas es uno de los objetivos que debe marcarse cualquier docente. Además una buena gestión de estos agrupamientos nos ayudará a organizarlos atendiendo de manera efectiva los diferentes estilos y ritmos de aprendizaje.

> Una buena organización de los agrupamientos es una estrategia que potencia la metodología.

3.1. LA METODOLOGÍA CON TIC

El empleo e integración de las Tecnologías de la Información y la comunicación (TIC) en el diseño y modelo curricular es hoy en día una demanda necesaria para adecuarse a la denominada *Sociedad de la información y del Conocimiento*. Para ello, sería necesario el diseño de actividades de enseñanza-aprendizaje incorporaran un **Plan de integración de las Tecnologías de la Información y la Comunicación** donde se deben explicitar las actividades y proyectos que contemplen el uso de las nuevas tecnologías dentro del departamento. El propósito es que cada docente integre lo que mejor puede contribuir al proceso de enseñanza-aprendizaje y que con una filosofía común se pueda realizar una aproximación fundamentada al uso de las TIC dentro del aula.

Parece fundamental ante el nuevo panorama tecnológico que se abre en nuestras aulas realizar una breve pero necesaria justificación del porqué del empleo de las nuevas tecnologías en el ámbito educativo. En cualquier caso, queremos matizar que las TIC, en sí mismas, pueden significar muy poco si no se incluyen en el momento que faciliten alguno de los objetivos pretendidos por el profesor, sea información, reflexión, entretenimiento, evaluación, etc., por lo que con mayor empeño las TIC, sea un vídeo, unas páginas de Internet o el desarrollo de todas las herramientas TIC con base en la Web 2.0 debe estar debidamente integradas con el resto de los elementos curriculares: *competencias, contenidos, estrategias organizativas, criterios de evaluación, actividades.*

Sin duda alguna, el currículo es el espacio en el que los medios didácticos, sean de cualquier tipo, deben ser pensados, construidos, usados y evaluados. Pues si la función del currículo es facilitar experiencias y dotar al alumno de capacidad de aprendizaje, los medios tendrán sentido en la medida que posibiliten tales objetivos.

En lo que atañe a la consideración de los recursos tecnológicos como elementos curriculares, su definición y aplicación dependerá de la perspectiva curricular en los que se empleen:

1. En el marco de un modelo *tecnológico y conductual* de los procesos de enseñanza-aprendizaje, en donde el profesor es considerado como un técnico-ejecutor de las prescripciones administrativas, el recurso habitual es el libro de texto, medio por el que es fijado el currículo por los técnicos cumpliendo, a través del mismo, una función fundamentalmente informativa.
2. En otros modelos más *constructivistas* o *de proceso*, **el profesor ha de asumir la responsabilidad de trazar el desarrollo del currículo y sus distintos elementos para su actividad docente y en su aula, adecuándolo a las circunstancias concretas de su entorno y de su centro. Y los medios, particularmente los recursos que son producto de los factores sociales y económicos que los promueven, son importantísimos elementos de dicho proceso**. Se pueden adaptar los materiales ya elaborados y realizar una acomodación de los medios técnicos (*audiovisuales, icónicos, interactivos*) que se amolden a las situaciones en las que desarrolla su enseñanza.

Al mismo tiempo, su no integración en el desarrollo de los procesos curriculares supone desde un punto de vista cultural, una ruptura grave con la realidad existente fuera de las aulas. Un hecho cuya trascendencia va más allá de contar o no con ordenadores u otros medios audiovisuales en el centro educativo. **Hay que reconocer que los medios fuera de las aulas transmiten continuamente modelos de comportamiento social, actitudes, valores, hábitos, y también estructuras narrativas, formas de organizar la información o simbologías con vocación universal. Por lo tanto,** *contribuyen notablemente a configurar la forma en que aprendemos a comprender el mundo en el que vivimos.*

Así ocurre de forma especial con la televisión que ha llegado a convertirse en el mass media universal.

Sin embargo, siguen existiendo prácticas docentes con la informática, y cada día más partiendo de Internet, pero la mayoría de ellas separadas de lo que es el proceso de enseñanza de las áreas curriculares. *Es decir, el ordenador y en muchas ocasiones los datos proporcionados por la red no son siempre incorporados como un material más al servicio de las actividades, contenidos y objetivos de los procesos de enseñanza-aprendizaje de las áreas de enseñanza* **y en la realización de la Programación Didáctica parece un eje fundamental sobre el que organizar buena parte de nuestro currículo.**

Pensamos, además, que la integración con detenimiento de los medios en el currículo y especialmente de las TIC en las aulas, exigirá replantear una serie de concepciones educativas y cambios significativos en estrategias metodológicas, en aspectos organizativos (personales y espaciales) y que se deben contemplar como un punto importante dentro de la Programación.

Los nuevos medios tecnológicos, aunque en sí mismos no lleven al cambio o a la innovación en las aulas, al menos, deberán reclamar una nueva configuración del proceso didáctico tradicional y habilitar un nuevo contexto en el que el saber no tenga por qué recaer en el profesor y la función del alumno no sea la de mero receptor de la información. Debajo de todos los tinglados tecnológicos imaginables tiene que estar, por ejemplo, la educación para todos y la extensión de valores de justicia y solidaridad. Se debe proponer en la programación de la enseñanza la potenciación de *escenarios interactivos* y la creación de entornos más flexibles para el aprendizaje.

La flexibilidad temporal y espacial que posibilitan las tecnologías puede aumentar la interacción y recepción de la información, la interacción con diferentes códigos y la elección de itinerarios formativos. **Creemos que el énfasis se debe poner en la docencia, en los cambios de estrategias didácticas de los profesores, en los sistemas de comunicación y distribución de materiales de aprendizaje, en lugar de enfatizar la disponibilidad y las potencialidades de las tecnologías.** Proponemos que el equipo de profesores de los departamentos didácticos deberá seleccionar los materiales que mejor se adapten a su proyecto educativo y elegir los recursos que más se adecuen a los objetivos señalados, sean éstos tecnológicos, impresos o realidades de la naturaleza. Las TIC exigen, creemos que de modo evidente, nuevos modelos organizativos en los centros. Pero que el modelo de organización del centro renueve tanto el tipo de información transmitida como los materiales integrados en el proceso de enseñanza-aprendizaje. Y, por todo ello, proponemos dentro del Departamento una reflexión integral que nos lleve a saber:

- **Cuál será el modelo pedagógico en el que se utilizarán estas nuevas tecnologías.**
- **Cuáles de los efectos educativos de estos recursos pueden y deben ser usados y reforzados en los contextos escolares.**
- **Qué papel deben utilizar las tecnologías en la configuración y difusión de la cultura.**
- **Cómo potenciarán o neutralizarán las desigualdades sociales y educativas en el mundo actual.**
- **Cuáles pueden ser las funciones de los medios tecnológicos en el desarrollo de proyectos y programas curriculares innovadores.**
- **Qué tipo de educación debe ser desarrollada por los sistemas escolares en un contexto social y cultural caracterizado por el predominio de las TIC y de las redes sociales, nubes, web semánticas y diversos conceptos que se generan a la luz del desarrollo de la Web 2.0.**

En cualquier caso, el uso pedagógico de nuevos medios en la educación requiere algo más que buenos diseños y proyectos, la finalidad real es propiciar una enseñanza innovadora. Los medios pueden contribuir a ese fin, y en todo caso, su uso no puede convertirse en finalidad por sí misma, sino consecuencia de decisiones tomadas a partir de una determinada manera de concebir y llevar a la práctica la enseñanza.

CONCLUSIONES

La metodología es uno de los aspectos principales que más afecta al éxito de un modelo curricular. Los procesos metodológicos no se encuentran afectados directamente por imposiciones legislativas (aunque influyen en la forma de afrontar la clase, no son totalmente determinantes las disposiciones legislativas). El docente tiene la posibilidad de organizar las estrategias didácticas que mejor se adecuen a las necesidades de los estudiantes y al desarrollo del modelo y diseño curricular.

Por ello, toda programación y unidad didáctica debería atender con especial atención pues muestra la capacidad del docente para organizar los contenidos con la metodología más significativa posible en función del grupo clase y centro que se vaya a aplicar. No existen fórmulas mágicas ni estrategias metodológicas indiscutibles debido a la diversidad y pluralidad de los estudiantes que pueden cambiar de un grupo a otro incluso en el mismo año y centro. Una de las máximas, entre otras que debemos tener en cuenta a la hora de seleccionar y definir nuestra metodología, es la tipología del estudiante, este debe de ser el centro del proceso de aprendizaje, a partir de aquí, otros criterios (globalización, experiencias previas, aprendizaje significativo...) van a permitir programar actividades adecuadas a los alumnos y que faciliten su aprendizaje.

Existen diferentes técnicas que facilitan una didáctica significativa, estas van encaminadas a formar al estudiante en todos sus aspectos (cognitivo, afectivo-social), hablamos de técnicas cooperativas, de diferentes agrupamientos, motivación individual, etc. Una correcta metodología se caracteriza por un buen aprovechamiento del tiempo, recursos materiales y del grupo clase, debemos dominar cada uno de estos aspectos por separado para poder aunarlos en una programación conjunta, encaminando de esta forma el proceso de enseñanza aprendizaje hacia los objetivos que nos hemos propuesto alcanzar. Los cambios producidos en la sociedad gracias y a través de lo que se denomina Tecnologías de la Información y la Comunicación tienen su tratamiento dentro del nuevo sistema educativo, que entre otros contempla a las TIC, como un objetivo y un recurso del cual servirse para conseguir personas compatibles con la era digital, evitando así, el analfabetismo informático. De esta forma, la utilización de servicios multimedia e informáticos por el profesor y por el alumno supone un aliciente para estos últimos en su asimilación de aprendizajes, a la vez que una innovación metodológica.

UNIDAD 5
LOS MODELOS Y PROCESOS DE EVALUACIÓN

El objetivo de esta unidad es que el lector adquiera una visión general del proceso de evaluación dentro del marco educativo a la vez que profundice en los diferentes mecanismos y formulas de evaluación encaminadas a mejorar tanto el proceso de enseñanza como de aprendizaje.

A lo largo de la unidad configuraremos la definición de evaluación desde un concepto más amplio que la mera calificación, comprobando y materializando el verdadero motivo de la evaluación: *¿Para qué evaluar?*.

En esta línea propondremos los diferentes aspectos que deben ser evaluados en todo proceso de enseñanza aprendizaje: *¿Qué evaluar?*, así como cuáles son los instrumentos y formulas más propicias para proceder a su evaluación *¿Cómo evaluar?* Finalmente el lector descubrirá los diferentes momentos en los que podemos aplicar la evaluación: *¿Cuándo evaluar?* y sus diferentes finalidades en función del momento en que se aplique y la tipología de los estudiantes.

En esta unidad se enfoca (profundizando en ambos procesos) desde una evaluación por y para la calidad de la enseñanza que debe proceder a la evaluación de los dos procesos fundamentales en la práctica docente, el proceso de enseñanza y el proceso de aprendizaje.

1. LA EVALUACIÓN

Debemos tener presente que, como factor o elemento curricular, la **evaluación** está presente en los distintos momentos de la acción didáctica que la reivindican en armonía con las necesidades y finalidades singulares de cada uno de ellos así, por ejemplo, cuando necesitamos elaborar conocimiento sobre un grupo de alumnos para fundamentar un programa coherente de instrucción, precisamos entonces del **rol diagnóstico** de la evaluación que deberá implementarse en los momentos **iniciales** del proceso de enseñanza-aprendizaje que nos proponemos desarrollar.

De esta manera, las diferentes modalidades de evaluación tienen su origen en los diferentes objetivos que deseamos/necesitamos cumpla aquélla en el área de lo educativo, lo que viene a significar que tras cada **modalidad evaluadora** se encuentra una **problemática curricular** a la que responder y, a su vez, en la que se justifica.

> *En concordancia con las funciones que en cada caso asignemos a la evaluación, con las necesidades que sea preciso cubrir en los diferentes momentos de la vida de un centro o con los componentes que se hayan seleccionado, procede utilizar las modalidades o tipos de evaluación que resulten más apropiados para el objeto del estudio, de la investigación o del trabajo que se emprende* (Vázquez-cano, et al., 2011).

La evaluación, entonces, posibilita y optimiza el conjunto de actuaciones en los ámbitos del currículo, de la misma organización institucional o de la propia administración educativa, bien sean de carácter diagnóstico, bien de carácter retroalimentador, o bien sean de naturaleza sancionadora o de control, diferenciando sus funciones al objeto de obtener un mejor rendimiento en las distintas situaciones que se presentan.

El evaluador, pues, en dependencia con la función a desempeñar utilizará en su intervención el tipo o modelo de valoración que resulte más pertinente.

Desde estos planteamientos, procedemos a relacionar y definir los distintos roles que, consideramos, debe cumplir la evaluación.

a) Diagnostica. Esta función, desempeñada por la evaluación desde la modalidad **inicial,** viene a satisfacer la necesidad de conocer los supuestos de partida para poner en marcha cualquier acción pedagógica. Facilita tanto la adaptación de la oferta formativa a los usuarios (*plano curricular*), como la toma de decisiones por supervisores y directivos (*planos de control y de lo organizativo*).

b) Previsora, que facilita la estimación de posibilidades de actuaciones y/o rendimientos, lo que se hace operativo desde la información aportada por las modalidades **inicial y formativa.** Lo esencial de esta función estriba en lo que podríamos denominar **perspectiva fundamentada,** y su utilidad se orienta hacia el diseño contextualizado de los **proyectos curriculares** que vertebrarán las experiencias de aprendizaje ofertadas por los centros.

c) Retroalimentadora. Es ejercida desde la modalidad **formativa,** y va incidiendo sobre los procesos de enseñanza-aprendizaje, reconduciendo los distintos elementos conformadores del modelo didáctico, y superando el carácter instrumental y referencial de la evaluación, pues, en educación, como en otros campos, evaluamos para algo que trasciende a la propia evaluación. Compartimos con García Hoz y Pérez Juste (1984) y con García Ramos (1989), entre otros, que desde la modalidad formativa puede ejercer también la evaluación una función **orientadora,** aunque para nosotros implica una concepción amplia de lo retroalimentador, en tanto en cuanto, asume el rol de reconducir el proceso formativo de la persona.

d) DE CONTROL, necesaria por las exigencias que se plantean en el ámbito de titulación académica, institución escolar, administración educativa y sistema social, operativizándose esta dimensión funcional mediante la modalidad **sumativa.** Los requerimientos apuntados, junto a otros que se podrían citar, confieren a esta función de la evaluación su incuestionable legitimidad.

Piénsese que, a través de ella, podemos verificar un seguimiento sistemático continuo del progreso del alumno en su aprendizaje, fundamentar la adecuada información del mismo a padres o tutores, planificar con coherencia la promoción y adscripción de los discentes a través de las distintas etapas y niveles en un sistema escolar graduado.

Y, por lo tanto, proceder a una conveniente modificación de la política de gastos e inversiones, así como proceder a la correspondiente expedición de certificados, diplomas y títulos. Lo afirmado hasta aquí, demuestra que la medida conforma la evaluación pero no la presupone, siendo clarificadoras al respecto las siguientes palabras de García Ramos, 1989:

> *Si la evaluación se basa en datos previamente recogidos, es obvio que esos datos habrán sido obtenidos por algún procedimiento que, en general, podemos denominar medida. Sin medida, pues, no es posible hablar de evaluación (...) Parece claro que si evaluar es, en último término, valorar o juzgar asignando una categoría a aquello que se evalúa, medir es justamente el procedimiento para definir, obtener y ofrecer información útil que posibilite el juicio o valoración posterior en que la evaluación consiste.*

Así, pues, la simple obtención de datos, si carecen de una dimensión referencial, representan valores absolutos, descontextualizados, que poco o nada significan en la evaluación como componente curricular.

2. LOS AMBITOS Y FINES DE LA EVALUACIÓN

Al hablar de evaluación en el contexto, debemos referimos a los roles que debe cumplir lo evaluativo en el nuevo ordenamiento de la educación, es decir, lo que se espera de la evaluación en el **proceso de enseñanza-aprendizaje, en el reciclaje o perfeccionamiento de los profesores, en la mejora de la oferta formativa de los centros docentes** y, por qué no, **en la optimización del propio sistema educativo. Por tanto, la evaluación deberá incidir no sólo sobre el aprendizaje de los alumnos, sino que también lo hará sobre los diferentes elementos de la práctica docente, y tanto en el ámbito de aula como de centro.**

- **Alumnos:** Son fines importantes en este ámbito, entre otros:
    - El conocimiento inicial del alumno en instrucción, aptitudes, intereses y actitudes hacia el aprendizaje, así como la naturaleza del ambiente familiar del que procede.
    - Diagnosticar su estilo cognitivo y, en consecuencia, su adaptación al ritmo interactivo del aula, es decir, al ritmo de aprendizaje de su grupo, delimitando minuciosamente las dificultades más importantes.
    - Constatación sistemática del nivel de los aprendizajes alcanzados, identificando aquellos objetivos que a pesar de estar programados o previstos, no se hayan conseguido y diagnosticado sus posibles causas.
    - Reforzar el proceso de aprendizaje o acción para la retroalimentación del mismo (*constituye esta actividad la función eminentemente formativa de la evaluación en este ámbito*).

- **Práctica docente.** La finalidad general de la evaluación del docente es tanto su propio perfeccionamiento profesional y personal (planificación) como la mejora del programa educativo en su conjunto. Fines más específicos serian aquí, entre otros:

- El conocimiento, lo más crítico posible, de la eficacia de su acción metodológica.
- Motivar e incentivar la reconsideración y readaptación, si procede, de su acción educadora como totalidad. Es muy importante que los docentes se planteen cada día, en una línea de construcción innovadora de su propia profesión, la búsqueda de un nuevo estilo, más comprometido si cabe, en el ejercicio del servicio que presta a la comunidad en la que vive.

- **Proceso de enseñanza.** En este ámbito se abordarían los siguientes fines:
  - Constatar con rigor la viabilidad real de los objetivos planteados, teniendo presente los recursos tanto materiales, como personales y funcionales.
  - Elaborar criterios para juzgar la eficacia del proyecto curricular adoptado, esencialmente en lo que se refiere a la secuencia y ritmos de aprendizaje, refuerzos, adaptaciones curriculares, etc.

En este sentido el Proyecto Educativo de Centro y con especial importancia las diferentes programaciones didácticas deben ser un documento abierto, susceptible siempre de innovación para la mejora; estará sometido, por tanto, a evaluación formativa, acción que, planificada por los departamentos didácticos y por la supervisión y coordinación de la Comisión de Coordinación Pedagógica, incidirá esencialmente en estos aspectos:
- **Temporalización** en que la referida valoración deba efectuarse, así como el modelo (*técnicas e instrumentos*) para su eficaz desarrollo.
- La **adecuación** de los objetivos a las necesidades y a las características de los alumnos.
- La **selección**, distribución y secuencia equilibrada de los objetivos y contenidos por ciclos en las diferentes áreas curriculares.

- La **idoneidad de la metodología general**, así como la de los materiales curriculares y didácticos empleados.
- La validez de los **criterios de evaluación y promoción** establecidos, al igual que las actividades de orientación educativa y profesional.
- La adecuación de la oferta de **materias optativas** a las necesidades educativas de los alumnos de secundaria.
- La efectividad de los programas de **diversificación curricular** que se hayan implementado.
- Comprobar la **validez de los criterios aplicados en las adaptaciones del currículo** para los alumnos con necesidades educativas especiales.

Hay, también, que valorar la incidencia que tienen, en el proceso que analizamos, diferentes circunstancias, como: *movilidad del profesorado, criterios en la adscripción del mismo, funciones de los equipos docentes y departamentos didácticos y otros órganos de coordinación institucional.*

- **Centro docente.** Serían objeto de evaluación desde este punto de vista:
    - La **infraestructura de la institución**, junto a los recursos de distinta naturaleza aportados por el entorno en el que se ubica.
    - El **sistema relacional existente entre profesores**, la convivencia entre los propios alumnos y la regularidad y calidad de las relaciones entre el centro y las familias, orientando este esfuerzo a conseguir una auténtica comunidad escolar.

2. LOS FINES DE LA EVALUACIÓN

Como ya hemos visto, la evaluación es el conjunto de prácticas que sirven al profesorado para determinar el grado de progreso alcanzado respecto de las intenciones educativas, para así ajustar su intervención pedagógica a las necesidades de los alumnos.

Por ello, la evaluación es algo más que evaluar los aprendizajes de los alumnos. Es también evaluar el proceso de enseñanza como mediador entre el conocimiento y los alumnos, y es igualmente evaluar la adecuación del funcionamiento del centro educativo a los objetivos que se plantean.

¿Para qué evaluar?

La información que suministra la evaluación debe servir como punto de referencia para tomar medidas de intervención pedagógica. Se evalúa para mejorar el proceso de aprendizaje e impedir la acumulación de dificultades, para modificar el plan de actuación diseñado por el profesor según se vaya desarrollando, **para adoptar medidas de refuerzo educativo** o de adaptación curricular, para poder intervenir en la resolución de conflictos actitudinales, para orientar la actuación tutorial, etc. Desde este punto de vista, la evaluación es un proceso que debe llevarse a cabo de forma continua y personalizada, es decir, integrada en el quehacer diario del aula y del centro. No puede reducirse a una situación aislada en la que se realizan unas pruebas, sino que es preciso pararse a menudo a revisar lo que se está haciendo, a dialogar con los alumnos, a reflexionar sobre los desajustes que continuamente se producen.

Es personalizada en la medida en que se refiere al alumno en su desarrollo peculiar, aportándole información sobre lo que realmente ha progresado respecto de sus posibilidades, sin comparaciones con supuestas normas estándares de rendimiento.

¿Por qué evaluar?

Los **criterios de evaluación** responden a las capacidades básicas de cada una de las áreas en la etapa y referida a aquellos contenidos específicos que se consideran especialmente importantes para su desarrollo.

Son pues, **indicadores sobre qué es lo que el alumno debe alcanzar en un aspecto básico del área** que le permita seguir progresando. Estos criterios cumplen funciones orientadoras, de evaluación formativa y sumativa y funciones homogeneizadoras. Son en efecto:

- **Una orientación** en la medida que ayudan para la elaboración de proyectos y programaciones al orientar sobre aspectos básicos que el alumno debe alcanzar.
- **Un instrumento de evaluación formativa**, ya que son puntos de referencia para seguir de cerca el trabajo realizado y reorientarlo si es preciso.
- **Un elemento de evaluación sumativa** al facilitar la comprobación de los resultados alcanzados y la valoración de su grado de consecución.
- **Una referencia de homologación en el sistema educativo** al garantizar a todos los alumnos unas mismas experiencias educativas esenciales.

Una de las decisiones más importantes en el proyecto curricular es la de concretar los criterios de evaluación. Un primer aspecto de esta tarea es el de adecuar, desde las peculiaridades del contexto propio del centro, los criterios de evaluación de etapa que aparecen en el Decreto de currículo y, en un segundo paso, especificar los criterios e indicadores de evaluación para cada uno de los cursos.

En relación al primer aspecto, hay que tener en cuenta **que los criterios de evaluación deben interpretarse de una manera flexible como pautas de evaluación de tipo general y que precisan ser adecuados a las características propias del alumnado con el que se trabaja.**

En esta tarea se debe considerar que los criterios de evaluación establecidos en el currículo no reflejan la totalidad de lo que un alumno puede aprender, sino exclusivamente aquellos aprendizajes especialmente relevantes sin los cuales el alumno difícilmente puede proseguir de forma satisfactoria su proceso de aprendizaje.

Pueden suponer, por tanto, una ampliación de los mismos para incluir otros aprendizajes que tienen su origen en el análisis y valoración de cada contexto educativo particular. El carácter no exhaustivo de los criterios de evaluación pone claramente de manifiesto que no deben interpretarse como la respuesta al qué enseñar. El qué enseñar se establece en los objetivos y contenidos aunque, evidentemente, será necesario prestar especial atención a los aprendizajes a los que se refieren los criterios.

¿Cuándo evaluar?

En la evaluación como seguimiento continuo del proceso de enseñanza y aprendizaje cabe distinguir tres momentos o aspectos distintos y complementarios: **evaluación inicial, formativa y sumativa**. La **evaluación inicial** permite adecuar las intenciones a los conocimientos previos y necesidades de los alumnos. Decidir el tipo de ayuda más adecuada cuando se accede a una nueva fase de aprendizaje requiere conocer cómo se ha resuelto la fase anterior, cuáles son los esquemas de conocimiento incorporados, con qué actitud e interés se aborda, cuáles son las dificultades acumuladas, etc.

Frente a la práctica frecuente de realizar pruebas escritas aisladas al inicio de una nueva fase, puede resultar más valioso una observación global más prolongada en la que participe todo el equipo docente y en la que la labor del tutor es esencial.

Asimismo, consideramos necesario que, aparte de la evaluación inicial que todos hagamos, el tutor recabe información de los alumnos con áreas pendientes del año anterior. Esa información la proporcionará el tutor, el cuál tendrá una reunión con los profesores del grupo a principio de curso.

Con la **evaluación formativa** se irá ajustando la ayuda pedagógica según la información se vaya produciendo. Este ajuste progresivo del proceso de enseñanza y aprendizaje requiere que éste sea observado sistemáticamente, de tal forma que permita detectar el momento en que se produce un obstáculo, las causas que lo provocan y las correcciones necesarias que se deben introducir.

Por último, con la **evaluación sumativa** se puede saber si el grado de aprendizaje que, para cada alumno, habíamos señalado se ha obtenido o no y, en cualquier caso, cuál es el nivel de aprendizaje que se ha producido para tomarlo como punto de partida en una nueva intervención. La evaluación sumativa toma datos de la evaluación formativa, es decir, los obtenidos durante el proceso y añade a éstos otros obtenidos de forma más puntual.

Este tipo de evaluación no debe confundirse con las decisiones de promoción que tienen lugar al finalizar cada uno de los cursos.

¿Cómo evaluar?

Para llevar a cabo el modelo de evaluación propuesto, es necesario prestar especial atención a la forma en que se realice la selección de información relevante para la misma, pues puede condicionar y desvirtuar todo el proceso. **Si la evaluación es continua, la información recogida también debe serlo**. Obtener y seleccionar la información para la evaluación exige una reflexión previa sobre la pertinencia de los **procedimientos e instrumentos de evaluación** que mejor se adecuan a las distintas capacidades y a los distintos tipos de contenido a evaluar. Estos **procedimientos** deben cumplir algunos criterios tales como:

Entre los *procedimientos de recogida de información para la evaluación* tiene especial importancia la **observación sistemática** del proceso de aprendizaje a través del seguimiento directo de las actividades.

Para que la observación sea sistemática es necesario precisar, en cada ocasión, lo que se pretende observar, los instrumentos adecuados y los períodos de tiempo para la recogida de la información. Pueden ser útiles algunos instrumentos como las guías y fichas de observación, siempre que recojan de forma concreta los elementos observables y no sean excesivamente largas o prolijas. El seguimiento y análisis de las **producciones de los alumnos**, individual o de grupo, a través de cuadernos de trabajo, presentaciones, entrevistas, trabajos monográficos, cuestionarios, etc., son algunas de las vías complementarias de obtener información de forma continua.

Los **diarios de clase** permiten recoger información sobre la actividad cotidiana. Su revisión periódica da información de la evolución de la dinámica del aula sobre todo en el ámbito de las relaciones e interacciones personales y de las dificultades y logros detectados en el desarrollo de determinados aprendizajes. Recogen los aspectos más llamativos de lo ocurrido en la actividad escolar y permiten detectar algunas situaciones que dan información útil sobre las reacciones de alumnos y profesores ante situaciones imprevistas. Los **debates, presentaciones, jornadas, salidas,** etc. representan situaciones especialmente adecuadas para observar y obtener información sobre aspectos actitudinales, de integración y actuación social, de interrelación personal y afectivos.

En general, **cualquier actividad de enseñanza y aprendizaje** puede ofrecer información para la evaluación, siempre que previamente se haya decidido qué aspectos se pretenden evaluar. No obstante, a veces, puede ser necesaria la aplicación de **pruebas específicas**, orales o escritas, abiertas o cerradas para la evaluación de determinados contenidos. En estas pruebas, además de responder a las características señaladas, debe cuidarse el que no se conviertan en situaciones de examen para el alumnado.

Es importante recordar a propósito de este tipo de instrumentos que la evaluación ha de servir para recoger información sobre aquello que ha aprendido el alumno y cómo lo ha hecho y no tanto para descubrir lo que el alumno no sabe. Simultáneamente a este seguimiento, se deben trasladar las observaciones a los propios alumnos para que la evaluación cumpla su función formativa, de corrección o refuerzo, de modo inmediato.

Es muy importante en estas edades **cuidar los mensajes** que sobre el resultado de su actividad escolar se transmiten a los alumnos. Esta comunicación no es sólo sobre el resultado de las tareas que ha realizado, sino sobre el proceso que ha seguido. Hay que informar sobre los aspectos que suponen un avance respecto al propio punto de partida, procurando no establecer comparaciones con los logros de los demás compañeros y también de cómo superar las dificultades que se detectan. Pero, sobre todo, debe transmitirse al alumno la concepción de que los resultados del aprendizaje pueden mejorar con el esfuerzo, que la relación cooperativa con los compañeros facilita el aprendizaje y que cualquier logro conseguido es importante. Este tipo de actuación debe ser general en todo el equipo docente y debe considerarse como un principio esencial de la práctica docente.

Es necesario que el alumno participe en todo este proceso a través de la **autoevaluación** y la **coevaluación**, en una etapa en la que se pretende impulsar la autonomía del alumnado y su implicación responsable y en la que la elaboración de juicios y criterios personales sobre distintos aspectos es una intención educativa preferente. Desarrollar estas capacidades requiere de una experiencia educativa en la que se den oportunidades de ejercitarlas en temas tan importantes como la evaluación del proceso de enseñanza y aprendizaje, valorando diferentes cuestiones con distintos procedimientos y en situaciones reales. Los instrumentos de evaluación debe ser:

Ser variados, de modo que permitan contrastar datos de evaluación referidos a los mismos aprendizajes o similares.

Dar información concreta sobre lo que se pretende, sin introducir variables que distorsionen los datos que se obtengan con su aplicación.

Utilizar distintos códigos (verbales, sean orales o escritos, icónicos, gráficos, numéricos, audiovisuales, etc.), de modo que se adecuen a las distintas aptitudes, necesidades y estilos de aprendizaje de los alumnos sin que el código dificulte el contenido que se pretende evaluar.

Ser aplicables en situaciones habituales de la actividad escolar.

Permitir evaluar la transferencia de los aprendizajes a contextos distintos de aquellos en los que se han adquirido, comprobando así su funcionalidad.

3. LOS CRITERIOS DE EVALUACIÓN: INDICADORES Y ESTÁNDARES DE ARENDIZAJE EVALUABLES

Los criterios de evaluación establecen de alguna manera el tipo y grado de aprendizaje que se espera hayan alcanzado los alumnos con respecto a las capacidades implícitas en los objetivos. El modelo de evaluación a partir de criterios permite tanto al alumno como al profesor, determinar los avances o retrocesos del proceso "enseñanza-aprendizaje".

El definir criterios, significa para el docente tener mayor seguridad a la hora de evaluar y tomar decisiones acertadas. Los criterios de evaluación vienen agrupados para las etapa de primaria y secundaria y constituyen, junto con los Objetivos Generales de Etapa y los de cada una de las áreas o materias, un referente de la evaluación continua.

Será necesario, por tanto, secuenciar los criterios de evaluación por ciclos en primaria y por cursos en secundaria, en función de la secuenciación que se establezca de los Objetivos Generales de Etapa y de Área, así como de los contenidos.

Con los criterios de evaluación se han seleccionado los aprendizajes básicos de cada área que deben adquirir los alumnos para alcanzar las capacidades expresadas en los Objetivos Generales de Etapa y de Área; aprendizajes básicos sin los cuales tendrían dificultades para proseguir estudios posteriores. Por lo tanto, los criterios de evaluación no se refieren a la totalidad de los contenidos -recogidos en los currículos oficiales dentro de cada uno de los bloques de contenido-, sino a los contenidos mínimos imprescindibles para evitar el bloqueo de los alumnos en su progreso de aprendizaje. Los criterios de evaluación constan de dos partes: un enunciado, en el que se establece el tipo de aprendizaje y el grado en que debe ser alcanzado; y una explicación, en la que se exponen, con más detalle, los aspectos contemplados en el enunciado y, de esta manera, se evitan interpretaciones subjetivas acerca de lo que se pretende evaluar. A este desarrollo se le denomina indicador de evaluación, que posteriormente podrá ser contextualizado, ampliado y concretado por el departamento o ciclo en el desarrollo de los procesos de evaluación.

El aprendizaje al que se refiere un determinado criterio de evaluación debe graduarse de forma progresiva, para poder así determinar, en cada momento, cuál es la situación real del alumno en función de las capacidades que se pretenden desarrollar y, en su caso, poder acceder a niveles de aprendizaje superiores.

En este sentido, en los criterios de evaluación se recogen, de manera inequívoca, indicadores de grado que ayudan a fijar el nivel básico de aprendizaje que se pretende que el alumno alcance. Por otra parte, y aun cuando se hayan alcanzado los contenidos básicos contemplados en un determinado criterio, la gradación de los criterios de evaluación permite contemplar los diferentes niveles de aprendizaje de los alumnos, lo que sin duda facilita la asignación de calificaciones (y, si fuera necesario, el establecimiento del nivel de apoyo aconsejable para alumnos con dificultades de aprendizaje).

Y, desde luego, un criterio básico de gradación es ir de lo general a lo específico. Los criterios de evaluación que aparecen en los currículos oficiales deben adecuarse al contexto del centro —es decir, a la realidad concreta en que van a aplicarse—, y secuenciarse en función de los Objetivos Generales de Etapa y de Área, así como de los contenidos mínimos que se hayan establecido para cada ciclo y curso en las correspondientes programaciones didácticas. Para ello, pueden llevarse a cabo las siguientes actuaciones:

a) Matizar, en un determinado criterio de evaluación, qué capacidades se esperan desarrollar, así como en qué tipos de contenidos se concretan dichas capacidades.

b) Especificar con toda claridad el tipo y grado de aprendizaje que se pretende que el alumno alcance.

c) Determinar los aprendizajes considerados mínimos y, a partir de ellos, fijar diferentes niveles, a fin de poder atender a la diversidad de ritmos de aprendizaje de los alumnos.

Para simplificar la forma de trabajar con los criterios de evaluación hasta aquí descrita, el departamento o equipo de ciclo podría elaborar una plantilla por área y materia que unificara de forma objetiva la forma de evaluar y los criterios e indicadores de desarrollo que se van a aplicar en un mismo curso por diferentes profesores de forma que se sistematizara la acción evaluadora y se generara mayor objetividad y coordinación (Ver Anexos).

En dicha plantilla, se recogerá el enunciado de cada uno de los criterios de evaluación —la definición, propiamente dicha—, y la parte relativa a los indicadores que la desarrollan para evitar ambigüedades a la hora de determinar qué contenidos mínimos deben ser alcanzados por los alumnos; y a la secuenciación de dichos criterios de evaluación —en razón del nivel de dificultad creciente que encierran—. Se establecerá indicando el ciclo o curso en el que deben ser abordados, de forma tal que en el caso de que un mismo criterio de evaluación haya de ser contemplado, sucesivamente, en los tres ciclos de la Educación Primaria o en diferentes cursos de la Educación Secundaria.

Se entenderá que habrá de afrontarse con una mayor intensificación cualitativa y cuantitativa de sus contenidos mínimos, lo que, consecuentemente, se traducirá en las correspondientes actividades. Desde la perspectiva del alumnado, conocer los *indicadores* y *criterios* de evaluación le sirve de guía para la elaboración de sus aprendizajes, puesto que le ayudan a comprender con claridad las tareas propuestas y, en consecuencia, las acciones que se han de ejecutar para resolverlas con éxito. En definitiva, le sirve para conocer los criterios del profesor, lo que permitirá a cada alumno autoevaluarse y regular su propio proceso de aprendizaje.

4. LA EVALUACIÓN DEL PROCESO DE ENSEÑANZA

Es importante resaltar que la evaluación de la propia práctica docente bien sea de forma individual o del conjunto del equipo, se revela como una de las estrategias de formación más potentes para mejorar la calidad del proceso de enseñanza y aprendizaje. Por otra parte, la evaluación del equipo docente en su conjunto permite detectar factores relacionados con el funcionamiento de la coordinación, las relaciones personales, el ambiente de trabajo, aspectos organizativos, entre otros, que son elementos muy significativos.

¿Qué evaluar?

Más en concreto, el qué evaluar de la intervención educativa debe centrarse en los distintos ámbitos en los que tiene lugar la intervención educativa:

a) La práctica docente en el aula, a través de:
- El diseño y desarrollo de las unidades didácticas y la adecuación de las adaptaciones realizadas para grupos concretos de alumnos.
- El ambiente de aula y todo aquello que favorezca el proceso de enseñanza y aprendizaje: *organización, espacio, equipamiento,* etc.
- La actuación personal de atención tanto al gran grupo como a aquellos alumnos que requieran de un trato más individualizado.
- La coordinación con los profesores que intervienen con el mismo grupo de alumnos a través del tutor, así como la comunicación con los padres.

b) El ciclo o curso, respecto a factores de coordinación de los profesores implicados en cada caso:
- Los datos del proceso de evaluación global de los alumnos como indicador de la bondad de las decisiones tomadas.
- La validez de los criterios de evaluación y promoción utilizados.
- La adecuación de los apoyos personales y materiales utilizados.
- La eficacia del sistema e instrumentos de coordinación establecidos.

c) En la etapa, respecto a la adecuación de las decisiones del proyecto curricular:
- Los elementos del proyecto curricular a partir del análisis y valoración de las programaciones y de los datos de la evaluación global de los alumnos.
- La coordinación interciclos y la coherencia vertical de las decisiones de secuencia y de criterios de evaluación de las áreas.
- Las medidas de atención a la diversidad adoptadas.

- Las relaciones entre los restantes departamentos y el de orientación.

d) En el centro,
- La coherencia entre los proyectos curriculares de cada etapa así como con el proyecto educativo.
- La funcionalidad de las decisiones sobre la asignación de recursos humanos, materiales, espaciales y temporales.
- El funcionamiento de los órganos colegiados.
- Las relaciones con los padres y el entorno social.
- Los servicios de apoyo al centro: *equipos psicopedagógicos, asesores de formación, servicio de inspección...*

¿Cómo evaluar?

En relación a cómo evaluar el proceso de enseñanza, y con independencia de los instrumentos que la Administración pueda establecer, existen algunos procedimientos y situaciones especialmente valiosos:
- **El contraste de experiencias** con otros compañeros del equipo docente o de otros centros. El trabajo de grupo o los encuentros de profesores son oportunidades de reflexión sobre la propia práctica para mejorarla, aportando las experiencias personales y de grupo más consolidadas.
- **Los cuestionarios** contestados por profesores, alumnos y padres sobre asuntos que afecten a la marcha general del centro.
- La incorporación de un **observador externo** en el aula o en el centro siempre que sea aceptado por el grupo o la persona observada y los datos obtenidos sean contrastados y negociados.
- **La evaluación del PGA y las programaciones didácticas** por parte de los Servicios de Inspección puede aportar al equipo de profesores información sobre la adecuación del Proyecto con el currículo establecido, así como las orientaciones y ayudas oportunas para llevar a cabo.

¿Cuándo evaluar?

Respecto al cuando evaluar, la evaluación de la intervención educativa debe ser continua pero, no obstante, hay momentos especialmente indicados para recoger la información que sirve de base para la evaluación.

La **evaluación inicial** al comienzo de curso para situar tanto el punto de partida del grupo aula como la del equipo docente, así como los recursos humanos y materiales de que dispone el centro.

La toma de datos para la evaluación del desarrollo del proceso tiene algunos momentos especialmente importantes tales como la finalización de cada unidad didáctica para tomar decisiones sobre posibles cambios en la propia unidad o siguientes. Al final del ciclo o curso, los datos tomados durante el desarrollo de la programación permitirán evaluar y tomar decisiones de modificación de las programaciones. Respecto del **Proyecto Educativo** su evaluación debe tener en cuenta que, en aras de la configuración de una línea educativa coherente del centro y dado que los procesos educativos necesitan largos períodos de tiempo para consolidarse, unos cambios que deben realizarse con prudencia y estar muy justificados.

Sería deseable que estas revisiones se hicieran en períodos de tiempo lo más amplios posibles y las decisiones de cambio importantes afectaran a los alumnos que comienzan la etapa.

4.1. LOS CRITERIOS DE CALIFICACIÓN

Los criterios de calificación se refieren al modo en el que se determinan las notas o calificaciones de los alumnos. A la hora de calificar a los alumnos debemos tener en cuenta diversos aspectos para obtener una valoración más realista y global de su evolución y no sólo la simple nota de un examen final.

Por tanto, debemos recurrir al análisis y valoración de toda la información suministrada por los diferentes procedimientos de evaluación establecidos a tal efecto en la programación, para asegurar que nuestra calificación se corresponde de manera fiable con el progreso experimentado por el alumno en el desarrollo de sus capacidades y competencias generales. Generalmente los criterios que suelen guiar la calificación se enmarcan en **tres ámbitos**:

• **Actitud del alumno:** motivación, interés, comportamiento, participación...
• **Trabajo:** actividades realizadas, cuaderno de clase, limpieza, hábitos de trabajo y estudio, implicación en la tarea.
• **Rendimiento escolar:** preguntas de clase, resultados en las pruebas de evaluación...

Además deberemos tener en consideración dos aspectos fundamentales:
• **Criterios para la evaluación de alumnos con materias pendientes** de otros cursos y con evaluaciones pendientes durante un mismo curso escolar.
• **La evaluación de la atención a la diversidad**: criterios y tipos de pruebas.

CONCLUSIONES

Una vez concluida la unidad didáctica el lector debe comprender que la evaluación constituye el último eslabón de las tareas docentes, tanto profesores como alumnos deben comprobar en qué medida se han cumplido las expectativas de enseñanza y aprendizaje reconociendo qué factores y causalidades han influido en el proceso y en qué medida.

Un análisis profundo de la evaluación pasa por analizar y profundizar en las respuestas a cuatro preguntas claves ¿Para qué evaluar?, ¿Qué evaluar?, ¿Cómo evaluar? ¿Cuándo evaluar? Reconocer el valor de la educación y su papel en el proceso de enseñanza aprendizaje, adecuar y operativizar nuestros objetivos plasmándolos en criterios de evaluación, así como diferenciar y poner en práctica la evaluación en los diferentes momentos que componen el proceso de enseñanza aprendizaje, constituyen las piezas claves para una correcta evaluación docente. Evaluación que toma especial relevancia cuando se aplica no sólo en el proceso de aprendizaje, sino también el de enseñanza, iniciando el camino hacia una educación de calidad, tal como se apuesta en los diferentes propuestas a nivel educativo que se están produciendo en el panorama nacional y europeo.

UNIDAD 6
EL ALUMNADO CON NECESIDAD ESPECÍFICA DE APOYO EDUCATIVO

El objetivo de esta unidad es que el lector comprenda el significado de aquellos alumnos considerados como alumnos con necesidad de apoyo específico, identificando sus necesidades y adoptando las medidas necesarias dentro del proceso de enseñanza-aprendizaje y en su posterior evaluación.

En esta unidad el lector profundizará en cada uno de las circunstancias que la nueva Ley promulga para catalogar a los alumnos que manifiesten necesidades de apoyo específico:

1. Necesidades educativas especiales.
2. Dificultades específicas de aprendizaje.
3. TDAH.
4. Alta capacidades intelectuales.
5. Incorporación tardía al sistema escolar.
6. Condiciones personales o historia escolar.

Asimismo, se hará referencia a las diferentes medidas de atención a la diversidad, adecuando diferentes estrategias en función de la propia diversidad que se presente.

Tanto la detección de alumnos como las posibles adaptaciones que se pueden llevar acabo se enfocarán para la etapa de Educación Secundaria y para el Bachillerato, determinando los criterios y medidas generales a tener en cuenta en ambas etapas.

1. LA ATENCIÓN A LA DIVERSIDAD: ALUMNADO CON NECESIDADES ESPECÍFICAS DE APOYO EDUCATIVO

Conocer las diferentes necesidades educativas que pueden presentar los alumnos es el primer paso para ajustar la respuesta educativa. La diversidad de los alumnos podemos apreciarla observando sus niveles de competencia curricular, estilos de aprendizaje, intereses y motivaciones, capacidades, características personales e historia escolar. Actualmente, en el marco LOMCE, las necesidades específicas de apoyo educativo que pueden presentar los alumnos se agrupan en las siguientes categorías:

1. **Necesidades educativas especiales.**
2. **Dificultades específicas de aprendizaje.**
3. **TDAH.**
4. **Alta capacidades intelectuales.**
5. **Incorporación tardía al sistema escolar.**
6. **Condiciones personales o historia escolar.**

La definición de estas categorías alumnos nos permite delimitar las condiciones de identificación y detección del alumnado con necesidades específicas de apoyo educativo, con el fin de poder ajustar su respuesta educativa en el continuo de las medidas de atención a la diversidad. Las necesidades educativas que pueden presentar los alumnos a lo largo de su escolaridad se encuentran dentro de un continuo, que van desde las que se manifiestan como diferencias leves respecto a su grupo clase, a aquellas otras, que bien por características personales, por historia escolar o social, suponen diferencias significativas.

Este planteamiento nos lleva a entender que el hecho de dar una respuesta educativa ajustada a nuestros alumnos también adopta la forma de un continuo. **En este marco, se llevarán a cabo ajustes y adaptaciones, y se elaboraran planes de actuación que permitirán atender adecuadamente a todos nuestros alumnos.**

2.1. MEDIDAS GENERALES DE ATENCIÓN A LA DIVERSIDAD

Son aquellas estrategias dirigidas a la adecuación de los elementos prescriptivos del currículo al contexto sociocultural de los centros y a las características del alumnado para dar respuesta a los diferentes niveles de competencia curricular, motivaciones, estilos de relación, estrategias, ritmos o estilos de aprendizaje y que son de aplicación común a todo el alumnado.

En el desarrollo de las programaciones didácticas se pueden contemplar las siguientes (en coordinación con el Departamento de Orientación):

1. El desarrollo de la orientación personal, escolar y profesional.
2. El desarrollo del espacio de optatividad y opcionalidad.
3. La adaptación de materiales curriculares al contexto y al alumnado.
4. La participación de dos profesores en el mismo grupo en algunas actividades (en el área de Tecnología).
5. Desdobles de grupos en algunas actividades (áreas: Matemáticas, Lengua Castellana y Literatura, Primera Lengua Extranjera- Inglés).

2.2. MEDIDAS ORDINARIAS DE APOYO Y REFUERZO EDUCATIVO

Son aquellas estrategias que facilitan la atención individualizada en el proceso de enseñanza y aprendizaje sin modificar los objetivos propios del curso/ciclo. Teniendo en cuenta las necesidades que presenta nuestro alumnado y los recursos con los que contemos, actualmente hace uso de las siguientes medidas:

—Los grupos de aprendizaje para el refuerzo de las áreas instrumentales cuando existen desajustes de competencias relevantes en los procedimientos generales (Refuerzo educativo).

—Plan de trabajo adaptado con actividades de refuerzo pedagógico, elaborado por el Departamento Didáctico, para el alumnado que promocione con áreas pendientes del curso anterior, dirigidas a evitar el fracaso en las mismas.

2.3. MEDIDAS EXTRAORDINARIAS

Son aquellas que introducen modificaciones en el currículo ordinario para adaptarse a la singularidad del alumnado y que exigen la Evaluación Psicopedagógica y el Dictamen de Escolarización de los responsables de orientación. Las necesidades educativas de los alumnos pueden requerir las medidas que citamos a continuación. No obstante, el desarrollo de la segunda medida está supeditado a la dotación de los recursos necesarios para su implementación:

A. Adaptaciones Curriculares Individuales

Son medias extraordinarias de modificación de los elementos prescriptivos y de acceso al currículo (objetivos, contenidos, criterios de evaluación, metodología, organización) para dar respuesta a las Necesidades Específicas de Apoyo Educativo que, de modo transitorio o permanente, presenta el alumnado a lo largo de su escolaridad. Se pueden clasificar en:

—**Significativas:** aquellas que estando asociadas a alguna necesidad específica de apoyo educativo, discapacidades físicas, psíquicas, sensoriales, por presentar trastornos graves de la conducta o de la personalidad, trastorno generalizado del desarrollo, a alta capacidad intelectual o a un desfase curricular de dos o más cursos escolares sea cual sea la causa que lo motive, requieren modificaciones específicas de los objetivos, contenidos y criterios de evaluación del currículo de cada ciclo o área y el uso de recursos personales y materiales de acceso al currículo. Su desarrollo se realizará en situaciones de integración escolar previa Evaluación Psicopedagógica y Dictamen de Escolarización.

– **Muy Significativas:** aquellas que estando asociadas a discapacidades psíquicas, severas y moderadas, a alteraciones graves de conducta y a plurideficiencias, exigen el desarrollo diferenciado de los objetivos generales, los contenidos y los criterios de evaluación del currículo de cada etapa y el uso de recursos y materiales diferenciados. Su desarrollo se realizará en centros específicos o en unidades de educación especial en centros ordinarios previa Evaluación Psicopedagógica y Dictamen de Escolarización.

B. Programas de Currículo Adaptado en el primer ciclo de la ESO

Son medidas extraordinarias de modificación de los elementos prescriptivos y de acceso al currículo para dar respuesta al alumnado, que a partir del primer ciclo de la educación secundaria obligatoria tiene graves dificultades de adaptación y de convivencia y existe riesgo de abandono.

Las medidas de atención a la diversidad, que tendrán carácter transitorio y revisable, se aplicarán a propuesta del tutor/a con la participación de todo el profesorado, bajo la coordinación de la jefatura de estudios y el asesoramiento de los responsables de la orientación y se llevarán a cabo en el entorno menos restrictivo posible. La decisión de que un alumno reciba una u otra medida se ajustará a los procedimientos reflejados en los siguientes cuadros:

Cuadro 1: Medidas generales de atención a la diversidad
Cuadro 2: Medidas ordinarias de apoyo y refuerzo educativo
Cuadro 3: Medidas extraordinarias de atención a la diversidad

A principios de curso es necesario revisar la situación y características del alumnado que presenta necesidades educativas (ordinarias o específicas) que se encuentran escolarizados en cada una de las aulas. A tal fin, es necesario que:

Al finalizar cada trimestre:

En la junta de evaluación, se llevará a cabo un seguimiento del proceso de enseñanza-aprendizaje del alumno. El seguimiento se llevará a cabo basándose en la programación trimestral y se decidirá la nueva programación para el siguiente trimestre. Asimismo, se podrán tomar decisiones respecto a los materiales curriculares y respecto a cualquier apartado de la adaptación que sea necesario modificar. **El tutor/a, el profesorado de apoyo y el profesorado de área implicado, teniendo en cuenta programación trimestral del alumno, adaptarán el boletín informativo para entregar a las familias.**
A finales de curso:

En la junta de evaluación final, se valorará el grado de consecución de los objetivos establecidos al comienzo del mismo. Los resultados de dicha evaluación permitirán introducir las adaptaciones precisas en el plan de actuación y valorar la idoneidad de la promoción de cada alumno/a.

MEDIDAS	PROCEDIMIENTOS	RESPONSABLES
El desarrollo de la orientación personal, escolar y profesional.	Todos los alumnos del centro reciben esta medida a través de la tutoría grupal/ individual o, cuando esta no sea suficiente, mediante la intervención directa del Departamento de Orientación.	TUTOR/A ORIENTADOR/A JEFATURA DE ESTUDIOS

El desarrollo del espacio de optatividad y opcionalidad.	La oferta educativa de nuestro centro incluye una serie de áreas que hacen efectiva esta medida. Los alumnos recibirán la información y la orientación necesaria para ajustar esta oferta a sus intereses, capacidades y habilidades	TUTOR/A ORIENTADOR/A DTOS. DIDÁCTICOS JEFATURA DE ESTUDIOS
La adaptación de materiales curriculares al contexto y al alumnado.	Cada profesor, en el ejercicio de su función docente, seleccionará y adaptará los materiales a su grupo de referencia o, incluso, al ritmo de aprendizaje del alumnado	DTOS. DIDÁCTICOS JUNTA DE PROFFESORES
La participación de dos profesores en el mismo grupo en algunas actividades.	Esta medida se desarrolla en el primer ciclo (1º y 2º de ESO) en el área de Tecnología, en aquellas actividades que se desarrollan en el taller (para prevenir accidentes).	JEFATURA DE ESTUDIOS DTOS. DIDÁCTICOS JUNTA DE PROFESORES
Desdobles de grupos en algunas actividades:	Esta decisión se tomará tiendo en cuenta la disponibilidad horaria del profesorado. Su finalidad es reforzar aquellas áreas en las que los alumnos muestran mayores dificultades Matemáticas, Lengua Castellana y Literatura y Primera Lengua Extranjera (Inglés).	JEFATURA DE ESTUDIOS DTOS. DIDÁCTICOS JUNTA DE PROFESORES
Programa de Formación Profesional Básica.	A partir de los resultados de la segunda evaluación se seleccionan a aquellos alumnos que serán propuestos. Los criterios que debe cumplir este alumnado: tener 15 años (o cumplirlos en ese año natural) y muy pocas posibilidades de obtener el Graduado en Educación Secundaria.	JEFATURA DE ESTUDIOS JUNTA DE PROFFESORES ORIENTADOR/A

Cuadro 1: Medidas generales de atención a la diversidad

MEDIDAS	PROCEDIMIENTOS	RESPONSABLES
Los grupos de aprendizaje para el refuerzo de las áreas instrumentales cuando existen desajustes de competencia relevantes en los procedimientos generales (REFUERZO EDUCATIVO)	El tutor/a o el profesor/a de área detecta que un alumno/a manifiesta un desajuste relevante en la competencia curricular, bien por presentar dificultades de aprendizaje en las áreas instrumentales (lengua y matemáticas) o bien por su historia escolar del alumno (promociones automáticas sin haber superado los objetivos correspondientes). Elabora un Informe Individual de Refuerzo, con la colaboración del profesorado de apoyo y del orientador/a, en el que indica los objetivos y contenidos que el alumno no tiene conseguidos (y es necesario trabajar). Este Informe se entrega a la Jefatura de Estudios, para facilitar la organización de los grupos de refuerzo. Trimestralmente se revisará la situación de estos alumnos.	TUTOR/A PROFESOR/A DE ÁREA PROFESOR/A DE APOYO ORIENTADOR/A JEFATURA DE ESTUDIOS
Plan de trabajo adaptado con actividades de refuerzo pedagógico, elaborado por el Departamento Didáctico, para el alumnado que promocione con áreas pendientes del curso anterior, dirigidas a evitar el fracaso en las mismas.	A principios coincidiendo con la evaluación inicial, el tutor/a informará a la Junta de Profesores de los alumnos/as que han promocionado con áreas pendientes de curso anterior. Cada profesor de área entregará a esos alumnos el plan de trabajo adaptado con actividades de refuerzo del nivel correspondiente, informando de los plazos de entrega.	TUTOR/A JUNTA DE PROFESORES DTOS. DIDÁCTICOS

Cuadro 2: Medidas ordinarias de apoyo y de refuerzo

MEDIDAS	PROCEDIMIENTOS	RESPONSABLES
Adaptaciones Curriculares Individualizadas	Se llevará a cabo previa Evaluación Psicopedagógica y Dictamen de Escolarización, y una vez agotadas las medias ordinarias. Procedimiento a seguir: Determinación ajustada de los niveles de competencia curricular en las áreas donde el alumno presenta desfase significativo. Elaboración trimestral de la secuencia de objetivos, contenidos y criterios de evaluación a trabajar con el alumno. La selección de los elementos anteriores tendrá en cuenta, en la medida de lo posible, la secuencia de unidades didácticas que se van a llevar a cabo en el aula ordinaria de tal forma que en algunos momentos pueda haber conexión entre lo que trabaja el grupo-aula y lo que trabaja el alumno. Una vez elegidos los objetivos y contenidos a desarrollar se tomarán las decisiones oportunas sobre el material curricular con los que trabajará el alumno. Se establecerá el reparto de tareas que el alumno va ha trabajar en su grupo-clase junto al tutor y/o profesor de área y que va a trabajar en el aula el profesorado de apoyo. La ACI del alumno quedará recogida en el Documento Individual de Adaptación Curricular (DIAC).	TUTOR/A PROFESOR/A DE ÁREA PROFESOR/A DE APOYO ORIENTADOR/A JEFATURA DE ESTUDIOS

	Al finalizar cada trimestre se reunirán tutor/a, profesorado de área implicado, profesorado de apoyo y orientador/a, con objeto de llevar a cabo el seguimiento del proceso de enseñanza-aprendizaje del alumno. El seguimiento se llevará a cabo basándose en la programación trimestral y se decidirá la nueva programación para el siguiente trimestre. Así mismo, se podrán tomar decisiones respecto a los materiales curriculares y respecto a cualquier apartado del DIAC que sea necesario modificar. El tutor, el profesorado de apoyo y el profesorado de área implicado, teniendo en cuenta programación trimestral del alumno, adaptarán el boletín informativo para las familias. Al finalizar cada curso, se valorará el grado de consecución de los objetivos establecidos al comienzo del mismo. Los resultados de dicha evaluación permitirán introducir las adaptaciones precisas en el plan de actuación.	
Programas de Currículo Adaptado (PCA)	A partir de los resultados de la segunda evaluación se seleccionan a aquellos alumnos que serán propuestos para ingresar los PDC. Criterios que debe cumplir este alumnado: tener 15 años (o cumplirlos en ese año natural), haber repetido una vez en el primer ciclo de primaria y tener graves dificultades de adaptación y de convivencia con riesgo de abandono. El orientador/a elabora un Informe de Evaluación Individualizada, donde se justifique que se trata de la mejor opción para el alumno, que irá acompañado de la conformidad de la familia y del alumno y demás información complementaria. Esta documentación se envía a la Servicio de Inspección a finales de curso.	TUTOR/A JEFATURA DE ESTUDIOS JUNTA DE PROFESORES ORIENTADOR/A

Cuadro 3: Medidas extraordinarias de atención a la diversidad

Artículo 27. Programas de mejora del aprendizaje y del rendimiento

1. El Gobierno definirá las condiciones básicas para establecer los requisitos de los programas de mejora del aprendizaje y del rendimiento que se desarrollarán **a partir de 2.º curso de la Educación Secundaria Obligatoria**. En este supuesto, se utilizará una metodología específica a través de una organización de contenidos, actividades prácticas y, en su caso, de materias diferente a la establecida con carácter general, con la finalidad de que los alumnos y alumnas puedan cursar el cuarto curso por la vía ordinaria y obtengan el título de Graduado en Educación Secundaria Obligatoria.

2. El equipo docente podrá proponer a los padres, madres o tutores legales la incorporación a un programa de mejora del aprendizaje y del rendimiento de aquellos alumnos y alumnas que hayan repetido al menos un curso en cualquier etapa, y que una vez cursado el primer curso de Educación Secundaria Obligatoria no estén en condiciones de promocionar al segundo curso, o que una vez cursado segundo curso no estén en condiciones de promocionar al tercero. El programa se desarrollará a lo largo de los cursos segundo y tercero en el primer supuesto, o sólo en tercer curso en el segundo supuesto. Aquellos alumnos y alumnas que, habiendo cursado tercer curso de Educación Secundaria Obligatoria, no estén en condiciones de promocionar al cuarto curso, podrán incorporarse excepcionalmente a un programa de mejora del aprendizaje y del rendimiento para repetir tercer curso.

3. Estos programas irán dirigidos preferentemente a aquellos alumnos y alumnas que presenten dificultades relevantes de aprendizaje no imputables a falta de estudio o esfuerzo.

4. Las Administraciones educativas garantizarán al alumnado con discapacidad que participe en estos programas la disposición de los recursos de apoyo que, con carácter general, se prevean para este alumnado en el Sistema Educativo Español.

2.4. DESARROLLO DE LA RESPUESTA A LA DIVERSIDAD

La respuesta a la diversidad del alumnado se regirá por los principios de normalización, integración e inclusión escolar, compensación y discriminación positiva, habilitación e interculturalidad y cohesión social.

Esta respuesta se instrumentalizará a través de la prevención, la atención individualizada y la orientación educativa, la cooperación entre administraciones públicas e instituciones, la participación de los representantes legales del alumno y, en su caso, de los propios interesados y estará dirigida al desarrollo de todas las dimensiones de la persona. A la hora de tomar decisiones en la respuesta educativa a la diversidad del alumnado se priorizarán las medidas de carácter normalizador y general. Las medidas extraordinarias, cumpliendo los requisitos normativos, sólo se utilizarán cuando estando agotadas las vías anteriores no existan otras alternativa.

3. LAS MEDIDAS DE APOYO EN EL BACHILLERATO

La atención a la Diversidad en Bachillerato de forma muy particular y centrada solamente en tres grupos de alumnos con los siguientes perfiles:

- **Inmigrantes**: en este caso, en concreto, procuraremos su integración en el aula y facilitaremos algún refuerzo individualizado para aquellos cuya lengua materna no es el español.

- **Altas capacidades:** si contamos con algún alumno de estas características tomaremos medidas de carácter ordinario concretadas en estrategias propias del proceso de enseñanza-aprendizaje: *contenidos de diferente grado de dificultad, actividades de ampliación, adecuación de recursos y materiales, adaptaciones de los procedimientos de evaluación, medidas de carácter extraordinario con adaptaciones de enriquecimiento y ampliación.*

- **Alumnos con necesidades educativas especiales:** estamos hablando que la ley sólo contempla discapacidades físicas (invidentes, sordos, etc.), ya que los discapacitados psíquicos no suelen cursar estudios de Bachillerato. Los subgrupos que podemos distinguir son los siguientes:

> **Discapacitados físicos** (con deficiencias físicas del tipo parálisis, parálisis cerebral, hemiplejías, etc.). Estaremos atentos para atenderles en las condiciones de acceso, de espacio y de metodología siempre que sea necesario.
>
> **Discapacitados sensoriales** con déficit auditivo y visual. Este tipo de minusvalía conlleva una adaptación de nuestra metodología en los siguientes aspectos:

En las deficiencias auditivas, procuraremos ubicarlos en un lugar adecuado para que puedan llevar a cabo, sin dificultad, la lectura labial y el acceso visual a la información. Nosotros trataremos de articular claramente y a velocidad moderada, evitando dar la espalda y bloquear el acceso visual a la boca; reforzaremos los mensajes orales con gestos y expresión corporal; animaremos al alumno a preguntar siempre que no haya entendido algo de lo que estamos explicando, sin sentirse avergonzado por ello, reforzando positivamente sus intervenciones orales en el aula.

En las deficiencias visuales, procuraremos también adaptar los materiales, los espacios y los recursos, facilitándole en todo momento su integración. Para ello, utilizaremos ayudas ópticas adecuadas para garantizar y favorecer el acceso a la información textual y gráfica en el caso de alumnado con resto visual; y el uso de materiales adaptados mediante diferentes técnicas como el Lenguaje Braille, la tiflotecnia, las maquetas, etc., para los alumnos ciegos. Asimismo contaremos con los Equipos Específicos de Atención a Deficientes Visuales y con la O.N.C.E. a la hora de establecer las pautas de trabajo y de programar nuestras actividades y lecturas.

Sólo en estos casos de alumnos con deficiencias físicas (ciegos, sordos, mudos, etc.) sociales (inmigrantes) o superdotados podemos hablar de atención a la diversidad en el Bachillerato. Serán siempre adaptaciones "no significativas".

CONCLUSIÓN

Al terminar la unidad el alumno debe dominar el nuevo término propuesto por la ley (alumnos con necesidades de apoyo específico) y conocer las diferentes posibilidades y su adecuación en virtud de la integración y mejora del aprendizaje de este tipo de estudiantes.
Este nuevo término da una vuelta más a las diferentes concepciones propuestas en las diferentes leyes educativas (alumnos con necesidades educativas especiales, alumnos con necesidades específicas…) avanzando con la sociedad e integrando dentro de estos grupos, a los alumnos que presentan una discriminación social o cultural, reconociendo y proponiendo soluciones integradoras sobre todo al colectivo inmigrante, que ha aumentado considerablemente su presencia en las aulas de los centros educativos.

A través de esta unidad, podremos identificar el tipo de medida educativa que precisa el estudiante y que le impide que siga con normalidad el proceso de enseñanza-aprendizaje. Este desfase con el resto alumnado debe minimizarse e intentar corregirse, buscando la solución más pertinente para el correcto desarrollo de su aprendizaje.

UNIDAD 7
LA UNIDAD DIDÁCTICA

El objetivo de esta unidad es que el interesado en el desarrollo curricular comprenda la estructura y características fundamentales de una unidad didáctica, así como que valore la importancia que tienen dentro del modelo curricular. La elaboración de una unidad didáctica va suponer para los docentes el último nivel de concreción y el más cercano a la realidad y práctica educativa. La elaboración de una unidad didáctica supone concretar dentro del marco legislativo vigente por un lado y la realidad sociocultural del centro por otro, las intenciones y propuestas que queremos conseguir con un grupo determinado, dentro de un periodo concreto de tiempo. El lector en esta unidad debe de ser capaz de aunar los conocimientos previos reflejados en unidades anteriores (marco legislativo, desarrollo curricular, metodología, evaluación...) y realizar una lectura comprensiva con visión global, que le permita comprender el grado de concreción en el que nos movemos. Tras conocer y dominar los aspectos más técnicos (marco legislativo) nos hemos familiarizado con el primer nivel de concreción, avanzando un poco más, nos podemos dar cuenta de que este nivel de concreción resulta insuficiente a la hora de abordar aspectos relacionados con las condiciones sociopolíticas y socioculturales en las que está inmerso el centro educativo, es aquí donde llegamos al segundo nivel de concreción. Pero no va a ser hasta que nos enfrentemos con las características del grupo clase cuando estemos cerca de la práctica educativa Es aquí, a la hora de ajustar nuestra programación a las características físicas y organizativas propias de un aula cuando llegamos al tercer nivel de concreción, o lo que es lo mismo, la elaboración de una unidad didáctica. A lo largo de la unidad vamos a ir descubriendo los diferentes elementos que componen una unidad didáctica, así como todos aquellos aspectos que debemos tener en cuenta a la hora de su diseño, con el fin de que se ajuste lo más posible a la realidad educativa.

1. LA UNIDAD DIDÁCTICA

La definición de unidad didáctica puede ser abordada desde diversas perspectivas, aunque, en general, la mayoría de ellas hacen referencia a la conjunción de unos factores y elementos muy similares:

- La unidad didáctica o unidad de programación será la intervención de todos los elementos que intervienen en el proceso de enseñanza-aprendizaje con una coherencia metodológica interna y por un período de tiempo determinado (Antúnez, et al., 1992).
- La unidad didáctica es la interrelación de todos los elementos que intervienen en el proceso de enseñanza-aprendizaje con una coherencia interna metodológica y por un período de tiempo determinado (Ibañez, 1992).
- La unidad didáctica es la unidad de programación y actuación docente configurada por un conjunto de actividades que se desarrollan en un tiempo determinado, para la consecución de unos objetivos didácticos. Una unidad didáctica da respuesta a todas las cuestiones curriculares al qué enseñar (objetivos y contenidos), cuándo enseñar (secuencia ordenada de actividades y contenidos), cómo enseñar (actividades, organización del espacio y del tiempo, materiales y recursos didácticos) y a la evaluación (criterios e instrumentos para la evaluación), todo ello en un tiempo claramente delimitados. (MEC, 1992).

En resumen y simplificando, podemos señalar que la unidad didáctica es la unidad básica de programación. Sus **características fundamentales** son:

- Constituye una unidad coherente y sistemática de trabajo.
- Su duración es variable.
- Organiza un conjunto de actividades de enseñanza y aprendizaje.
- Supone la acción pedagógica del profesor a la hora de abordar sus clases.

Es importante destacar que todos los aprendizajes necesitan ser programados. Por ello, **la unidad didáctica supone una unidad de trabajo articulado y completo en la que se deben precisar los objetivos y contenidos, las actividades de enseñanza y aprendizaje y evaluación, los recursos materiales y la organización del espacio y el tiempo, así como todas aquellas decisiones encaminadas a ofrecer una más adecuada atención a la diversidad del alumnado.** La unidad didáctica **no es un documento aislado** sino que se deriva de otros documentos más generales y constituye el último paso de un proceso de toma de decisiones en cascada por parte del claustro y los departamentos didácticos de un centro educativo.

Las **características básicas de la unidad didáctica** son:

- **Flexibilidad:** Debe ser abierta y flexible de modo que permita introducir las modificaciones y ajustes pertinentes para satisfacer las necesidades educativas que vayan surgiendo durante su desarrollo.

- **Coherencia:** Todos sus elementos deben estar relacionados unos con otros de un modo unificado, sin contradicciones ni dispersiones. En este sentido cobra especial relevancia la conjunción de los principios metodológicos con el resto de elementos curriculares.

Por último, la elaboración de unidades didácticas puede considerarse como una estrategia para el desarrollo profesional de los docentes basado en la investigación realizada por los propios profesores en torno a su práctica didáctica cotidiana.

2. LA ESTRUCTURA DE LA UNIDAD DIDÁCTICA

1. DESCRIPCIÓN DE LA UNIDAD DIDÁCTICA
En este apartado se podrá indicar el tema específico o nombre de la unidad, los conocimientos previos que deben tener los alumnos para su desarrollo, las actividades de motivación, etc. Habría que hacer referencia, además, al número de sesiones de que consta la unidad, a su situación respecto al curso o ciclo, y al momento (trimestre o evaluación) en que se va a poner en práctica.

2. OBJETIVOS DE LA UNIDAD DIDÁCTICA
Los objetivos didácticos establecen qué es lo que, en concreto, se pretende que adquiera el alumnado durante el desarrollo de la unidad didáctica. Es interesante a la hora de concretar los objetivos didácticos relacionarlos con los objetivos generales del área y con las competencias básicas (ESO). Hay que prever estrategias para hacer partícipe al alumnado de los objetivos didácticos.

3. CONTENIDOS DE APRENDIZAJE
Al hacer explícitos los contenidos de aprendizaje sobre los que se va a trabajar a lo largo del desarrollo de la unidad, deben recogerse tanto los relativos a conceptos teóricos, prácticos y funcionales, y también los transversales y las competencias básicas.

Asimismo, es conveniente que se especifiquen los bloques de contenido tratados del currículo correspondiente. Se deberán especificar los contenidos de las propuestas que se hagan para la atención a la diversidad y su tratamiento dentro de la unidad didáctica.

4. SECUENCIA DE ACTIVIDADES

En este apartado, es muy importante establecer una secuencia de aprendizaje, en la que las actividades estén íntimamente interrelacionadas. La secuencia de actividades no debe ser la mera suma de actividades más o menos relacionadas con los aprendizajes abordados en la unidad. También deben incluirse la propuesta de actividades complementarias y extraescolares.

Por otra parte, es importante tener presente la importancia de considerar la diversidad presente en el aula y ajustar las actividades a las diferentes necesidades educativas de los alumnos en el aula (*atención a la diversidad*).

Se deben materializar -para luego explicar- las sesiones en las que se ha estructurado la unidad didáctica, teniendo presente que hay que presentar su estructura y dinámica y no sólo enumerar actividades sin una estructura metodológica clara.

5. RECURSOS Y MATERIALES

Conviene señalar los recursos específicos para el desarrollo de la unidad. Explicar los tipos de materiales y recursos que son más apropiados para cada objetivo.

Es conveniente presentar materiales y recursos que den respuesta a la diversidad de ritmos de aprendizaje y que integren el tratamiento de las competencias básicas y de las nuevas tecnologías (su peso será mayor dependiendo de cada materia).

6. ORGANIZACIÓN DEL ESPACIO Y DEL TIEMPO

Se señalarán los aspectos específicos en torno a la organización del espacio y del tiempo que requiera la unidad. El agrupamiento de los alumnos es un aspecto importante que el docente no deberá obviar; en algunas asignaturas es determinante y, en casi todas, ayuda a negociar la alta complejidad estructural de las clases (problemas disciplinarios y de atención a la diversidad).

7. SELECCIÓN Y DISEÑO DE ACTIVIDADES.

Proponer modelos de actividades de trabajo es materializar de forma expresa todas esas intenciones didácticas y pedagógicas antes manifestadas. Es el último nivel de concreción donde el tribunal puede observar que el profesor ha sido coherente en su planteamiento y el docente va a poder comprobar si se ajustan a los objetivos propuestos.

En este sentido se deben diseñar actividades que permitan la valoración de los aprendizajes de los alumnos, de la práctica docente del profesor y que cuenten con los instrumentos para ello. Estas actividades deben ser situadas en el contexto general de la unidad, señalando cuáles van a ser los criterios e indicadores de valoración de dichos aspectos. Asimismo, es muy importante prever actividades de autoevaluación y co-evaluación que desarrollen en los alumnos la reflexión sobre el propio aprendizaje.

8. EVALUACIÓN

Puede resultar interesante incluir modelos o fichas de observación de alumnos para que el tribunal compruebe el proceder del profesor a la hora de evaluar. También se puede presentar en anexo una pequeña bibliografía para ampliar y mejorar la unidad didáctica en sus diferentes apartados y una pequeña mención a otros materiales y recursos

3. LOS OBJETIVOS DE LA UNIDAD

Los objetivos educativos se formulan en términos de **capacidades**; entendiendo por capacidad el potencial o la aptitud que posee una persona para llegar a la adquisición de nuevos conocimientos y habilidades, es decir, las posibilidades que cada ser humano tiene, que puede desarrollar y que le van a permitir realizar, de forma permanente y por sí solo, aprendizajes nuevos.

Coherentemente con el fin esencial de la educación escolar, definido como el pleno desarrollo de la personalidad del alumno (*educación integral*), los objetivos hacen hincapié en el desarrollo de todas las capacidades y competencias básicas que intervienen en esa visión integral del desarrollo humano en el que la escuela se sitúa. Estas capacidades pueden clasificarse en cinco grupos:
- **Motrices.**
- **Cognitivas o intelectuales.**
- **Afectivas.**
- **De relación o comunicación.**
- **De actuación e inserción social.**

Las competencias básicamente se pueden definir como el conjunto de conocimientos, destrezas y actitudes necesarias para contribuir de manera efectiva al desarrollo personal, escolar y social de cada alumno. Las competencias que ha introducido la LOMCE son siete y las unidades didácticas deberán contemplar una interrelación entre los objetivos generales de área y las competencias básicas.

El aspecto clave de los objetivos es que están expresados en términos de capacidades y no de comportamientos. Es decir, se considera que la educación debe ayudar a desarrollar capacidades generales, competencias globales que después se ponen de manifiesto en actuaciones concretas que pueden ser distintas en cada alumno, aunque se deban a la misma capacidad.

Los **objetivos didácticos** se formulan analizando las capacidades que figuran en los objetivos generales de área y poniéndolas en relación con los contenidos concretos que hemos seleccionado para la unidad didáctica. Plantearse los objetivos didácticos supone determinar el grado de aprendizaje que se quiere lograr a partir de los conocimientos previos de los alumnos, de los conceptos y estrategias que poseen y de sus actitudes en relación con el tema que desarrolla la unidad didáctica. En definitiva, **deben expresar con claridad qué es lo que se pretende que el alumnado haya aprendido al finalizar cada unidad didáctica. Cada objetivo didáctico se refiere normalmente a más de un contenido y se desarrolla en varias actividades, sin pretender concretarse en una conducta**.

Estos objetivos constituyen así la referencia más inmediata para evaluar las capacidades de los objetivos generales del área. Dicha evaluación se hace a través de los distintos tipos de actividades que se diseñan para desarrollar los objetivos didácticos.

Las funciones básicas de los objetivos didácticos son: *servir de guía a los contenidos y a las actividades de aprendizaje y proporcionar criterios para el control de estas actividades*. Los objetivos didácticos deben, en la medida de lo posible, compartirse con los alumnos. Es importante implicarles en su proceso de aprendizaje para hacer partícipe a cada alumno de los objetivos que se pretenden en cada unidad. **Buscar estrategias para que los escolares se representen, en la medida de sus posibilidades, qué se espera de ellos, qué van a aprender, por qué y cómo**. La respuesta a estas cuestiones debe estar presente en la formulación de los objetivos didácticos.

Otro aspecto relevante que se debe considerar en la formulación de los objetivos didácticos es su adecuación a la diversidad del alumnado.

Las unidades didácticas deben permitir distintos grados de adquisición de un contenido y la participación de todos en una tarea común, para atender al conjunto del alumnado, en la medida de lo posible, en el marco ordinario. Este hecho requiere que, en el momento de formulación de los objetivos, se establezcan algunos que se podrían denominar básicos -y por tanto, comunes para todos- junto a otros de profundización, ampliación y de refuerzo, para que todos los alumnos encuentren actividades en las que desarrollen sus capacidades. De modo que no haya que establecer permanentemente tareas complementarias paralelas al trabajo ordinario que se produce en el marco de la unidad didáctica. Dependiendo de la unidad didáctica tendrá mayor predominio uno u otro tipo de objetivos. En la determinación de los objetivos didácticos debemos tener en cuenta de manera especial:

1. Identificar los objetivos generales de etapa, de área y competencias básicas implicadas en el proceso de enseñanza-aprendizaje que constituye la unidad didáctica.
2. Graduar la importancia de los objetivos diferenciando los básicos y comunes para todos los alumnos de los complementarios o de ampliación.
3. Su relación con otros objetivos generales de otras áreas si en la unidad didáctica hay más de un área implicada.
4. Formular adecuadamente los objetivos didácticos en referencia a los distintos tipos de contenidos (conceptos, procedimientos y actitudes).
5. Incluir objetivos relacionados con la Educación en valores.
6. Asegurar el carácter abierto y flexible en su formulación.
7. Establecer un número adecuado de objetivos tomando como referencia el número de sesiones de que consta la unidad didáctica. En este sentido hay que considerar que cada objetivo suele llevar asociados varios contenidos y éstos, a su vez, varias actividades cada uno; por lo que el factor tiempo es determinante.

4. LOS CONTENIDOS

Los contenidos designan el conjunto de saberes o formas culturales cuya asimilación por los alumnos se considera fundamental para su desarrollo. El aprendizaje de los contenidos no es un fin en sí mismo sino el medio para el desarrollo de las capacidades y competencias de los alumnos. De este modo, los contenidos deben servir para reflejar las competencias curriculares básicas que se espera que consigan los alumnos tras el proceso de enseñanza-aprendizaje planificado.

El currículo oficial marca los contenidos que hay que abordar en cada área pero es el profesor quien determina y concreta qué contenidos se van a tratar en cada unidad didáctica, tomando siempre como punto de partida los resultados de la evaluación inicial, es decir, **tomando como referencia los conocimientos previos de los alumnos** sobre los temas que se van a trabajar en la unidad didáctica. Este elemento de la unidad didáctica comprende los contenidos concretos que van a ser objeto de aprendizaje. En su selección deberá cuidarse que estén recogidos contenidos que atiendan a aspectos conceptuales, procedimentales y de carácter actitudinal, existiendo un equilibrio entre ellos y asegurando la incorporación de los contenidos referidos a los temas transversales y a las competencias básicas. En la selección de los contenidos de la unidad didáctica debemos verificar que cumplen estas condiciones:

- **Validez**: sirven para alcanzar los objetivos propuestos.
- **Significatividad**: son funcionales para los alumnos.
- **Adecuación**: están adaptados al nivel de desarrollo psicoevolutivo de los alumnos.

Los contenidos que se seleccionen para ser trabajados en cada unidad deben contribuir a responder de manera adecuada a las diferencias individuales entre los alumnos. Así, junto a los contenidos básicos o nucleares de la unidad, pueden incorporarse otros que se consideren de profundización o de ampliación.

Es conveniente **organizar y distribuir los contenidos de forma que se interrelacionen contenidos de distintas áreas** y que éstos, además, giren alrededor de temas o proyectos cercanos al alumnado, dado que contribuyen a comprender mejor las situaciones reales.

A partir de los contenidos establecidos en currículo oficial, **la primera tarea nos lleva a seleccionar aquellos bloques de los que vamos a extraer información sobre los contenidos que vamos a trabajar en la unidad didáctica**. Normalmente son varios los bloques relacionados con una unidad didáctica, aunque es poco probable que en la misma unidad aparezcan contenidos de todos los bloques del área. Generalmente el criterio de interrelación de contenidos de distinto tipo (teóricos, prácticos y de fomento de educación en valores) y de procedencia de distintos bloques proporciona una buena estrategia para seleccionar todos aquellos contenidos que sean relevantes para la unidad didáctica.

> Relacionaremos los contenidos con los objetivos didácticos, las competencias básicas y con los criterios de evaluación.

Tendremos presente la secuenciación de contenidos elaborada en las programaciones didácticas y trataremos de **poner en relación los contenidos de las diferentes unidades didácticas** para que a lo largo de todo el curso hayamos trabajado todos los contenidos necesarios.

A la hora de seleccionar los contenidos conviene resaltar aquellos que se van a trabajar de manera más explícita en las actividades y que son más representativos de la unidad didáctica. **Se trata de seleccionar pocos, relevantes, significativos y que estén directamente relacionados con las actividades que vamos a programar en la unidad didáctica.**

5. LA METODOLOGÍA

Generalmente no se recurre a una metodología concreta para desarrollar las diferentes actividades programadas en la unidad didáctica, sino que se utilizan diferentes métodos y estrategias en virtud de diversos factores: *la naturaleza de la propia actividad, las características de los alumnos del grupo, los recursos materiales disponibles, las habilidades y formación del profesor, la naturaleza de la materia*, etc.; por resaltar sólo algunos de los más significativos.

Las estrategias metodológicas que se incorporen a la unidad didáctica deben servir para complementar la filosofía metodológica que impregne a un departamento didáctico. No obstante, en los momentos actuales, bajo esta combinación en la práctica de métodos y estrategias didácticas subyacen unos principios metodológicos ampliamente aceptados y que deben impregnar en todo momento la propuesta de actividades de cada unidad didáctica. Estos principios metodológicos se derivan de:

• **El aprendizaje funcional**: los aprendizajes deben tener sentido para los alumnos, deben servir para algo y deben permitir la transferencia y generalización suficientes como para poder aplicarlos a otras situaciones de su experiencia más próxima.
• **Constructivismo**: el alumno es el autor de su propio conocimiento a partir de los conocimientos que ya posee y sobre los que va construyendo los nuevos significados que modifican y transforman su estructura cognoscitiva.

• **El aprendizaje cooperativo**: fomenta el aprendizaje entre iguales. La aplicación de las técnicas del aprendizaje cooperativo resulta una medida muy adecuada para responder a las distintas características individuales de los alumnos por lo que se convierte en una potente herramienta desde el punto de vista metodológico para atender a la diversidad.

- **El aprendizaje significativo**: los nuevos aprendizajes deben relacionarse de manera substantiva (no arbitraria) y coherente con lo que el alumno ya sabe; de este modo es imprescindible tomar como punto de partida los conocimientos previos de cada alumno. El aprendizaje significativo implica el desarrollo y promoción de la memoria comprensiva frente al aprendizaje memorístico o repetitivo.

- **Actividad del alumno**: el aprendizaje significativo requiere de una intensa actividad interna del alumno que a su vez exige una actitud positiva del alumno hacia el aprendizaje. De ahí la necesidad de establecer un clima adecuado en clase.

- **Aprender a aprender**: implica perseguir en todo momento que el alumno sea capaz de realizar aprendizajes significativos por sí mismo para lo que habrá que procurar el entrenamiento en estrategias de exploración, descubrimiento, planificación y regulación de la propia actividad.

- **Interacción en el aula**: la interacción social entre los alumnos y entre éstos y el profesor provoca la confrontación de los esquemas de conocimiento y su posterior reestructuración, lo que produce el aprendizaje. Esta interacción también engloba la ayuda o intervención de los otros en la zona de desarrollo próximo, es decir, en aquellas tareas que el alumno no es capaz de realizar por sí mismo pero que puede realizarlas con la ayuda de otros (profesor o alumnos más aventajados).

- **Individualización del proceso de enseñanza-aprendizaje**: la existencia de un currículo abierto y flexible permite la adaptación en cualquier momento de los diversos elementos que lo componen (actividades, recursos, métodos, temporalización...) a las necesidades educativas individuales de cada alumno.

Los Agrupamientos

Es de vital importancia realizar la previsión de los agrupamientos (gran grupo, pequeño grupo, parejas, individual) y de la dinámica del grupo. Se debe determinar lo que van a hacer los alumnos y el papel del profesor en cada momento.

Los Recursos

En la programación de la unidad didáctica tendremos que prever los recursos, tanto los habituales como aquellos otros que puedan ser más extraordinarios y que necesitaremos para las distintas sesiones. Los recursos pueden ser de distinta naturaleza: *bibliográficos* (bien para el profesorado o para el alumnado), *audiovisuales, informáticos, visitas de diferentes personas al aula, salidas del centro*, etc. La **categorización de estos recursos** podemos hacerla en forma de ejemplo con la siguiente propuesta:

- Materiales.

- Espacios: el aula habitual, la configuración del aula, otros espacios del centro y de la localidad...

- Didácticos: tanto de uso del profesor como de los alumnos.

- Humanos: posibilidad de colaboración de otras personas (otros profesores, especialistas profesionales, padres, ayudantes educativos, profesores de apoyo, monitores municipales...).

En la selección de recursos es necesario tener en cuenta la gran diversidad de intereses y capacidades que siempre existen en el aula, de tal forma, que se puedan utilizar materiales diferentes en función de las motivaciones, intereses o capacidades de los alumnos. Los recursos inciden de manera decisiva en la acomodación del desarrollo de la unidad a las características del alumnado.

Una buena selección y distribución de los materiales es fundamental para atender a la diversidad. Por otra parte, es importante organizar los recursos materiales de forma que se favorezca su utilización por parte del alumnado de la manera más autónoma posible.

Organización del espacio y el tiempo

Las consideraciones sobre la **organización espacio-temporal** se deciden en las programaciones didácticas. Por tanto, son estas las referencias que habría que tener en cuenta en el desarrollo de las distintas unidades.

Ahora bien, cada unidad concreta que se trabaja implica, a menudo, modificaciones o concreciones a estos acuerdos más generales, que comportan acudir a espacios diferentes de los habituales, modificar los tiempos establecidos en función de agrupamientos distintos.

En estos casos, conviene hacer una referencia específica a estos cambios. En relación con la **previsión de tiempos**, conviene especificar en este apartado la duración total de la unidad didáctica (*por lo general dos semanas*), el número de sesiones, la duración de cada una de ellas y la distribución de las actividades programadas para cada una de las sesiones.

Las actividades

A la hora de programar las actividades hay que tener en cuenta las siguientes **consideraciones generales** que son especialmente relevantes para garantizar la coherencia interna de la unidad didáctica:

- **Diseñar actividades coherentes** con los objetivos y contenidos de la unidad.
- **Identificar las tareas** que realizarán tanto el profesor como los alumnos en relación con el desarrollo de las actividades.
- **Incluir actividades que trabajen los tres tipos de contenidos:** conceptuales, procedimentales y actitudinales.
- Prever actividades para trabajar las **competencias básicas** y la **educación en valores**.
- **Distribuir las actividades acordes con el proceso de enseñanza-aprendizaje:** motivación, diagnóstico, desarrollo, síntesis, aplicación, refuerzo/ampliación.

Al elaborar las actividades conviene tener en cuenta los siguientes **criterios**, de manera que:

- Ofrezcan contextos relevantes e interesantes.
- Promuevan la actividad mental en el alumnado.
- Estén secuenciadas de manera que favorezcan la progresión del aprendizaje.
- Presenten grados de dificultad progresivos y ajustados a las necesidades de cada alumno.
- Promuevan la autonomía del alumno en los procesos de aprendizaje.
- Estimulen la participación, solidaridad y no discriminación.
- Potencien la motivación y la funcionalidad de los aprendizajes.
- Integren contenidos de distinto tipo (teóricos, prácticos y que promuevan la educación en valores).
- Puedan resolverse utilizando distintos enfoques.
- Admitan niveles de respuesta y tipos de expresión diversos que propicien la participación de todos.
- Admitan niveles diferentes de intervención del profesor y los iguales.
- Promuevan la implicación de los alumnos y la interacción en el aula.

Definido este marco para las actividades se decide la **secuencia en la que se van a desarrollar y se prevé el tiempo que se va a emplear en cada una de ellas.** Respondiendo al carácter abierto y flexible tanto de la programación didáctica como de la unidad, las previsiones sobre la secuencia y temporalización de las actividades no pueden ser rígidas y cerradas.

Deben permitir introducir las modificaciones que se consideren pertinentes en base a las necesidades que se detecten durante su puesta en práctica con el fin de garantizar que todos los alumnos consiguen alcanzar los aprendizajes previstos en cada unidad didáctica, al menos los más básicos y comunes.

Secuenciación de actividades

Se deben cumplir una serie de principios a la hora de secuenciar y seleccionar las actividades:
• **Introducción-motivación**: han de provocar el interés en los alumnos respecto a lo que han de aprender.
• **Conocimientos previos**: son las que se realizan para conocer las ideas, opiniones, aciertos o errores conceptuales que tienen los alumnos sobre los contenidos que se van a tratar. Deben partir de las experiencias más cercanas al alumno, más próximas a su contexto. Constituyen la herramienta fundamental de la evaluación inicial.
• **Desarrollo**: están orientadas a la adquisición y construcción significativa del conocimiento; en otros términos, podemos decir que son las que permiten asimilar los nuevos conceptos, procedimientos y actitudes.
• **Síntesis-resumen**: facilitan la relación entre los distintos contenidos aprendidos y favorecen el enfoque globalizador.
• **Consolidación**: se contrastan las nuevas ideas de los alumnos con las previas y se aplican los aprendizajes nuevos a nuevas situaciones.

• **Evaluación**: actividades destinadas a la evaluación inicial, formativa y sumativa contemplada en la unidad didáctica.

• **Recuperación-refuerzo**: se programan para los alumnos que no han alcanzado de manera satisfactoria los contenidos trabajados.

• **Ampliación-profundización**: permiten seguir construyendo conocimientos para aquellos alumnos que han superado con éxito las actividades de desarrollo.

6. LA EVALUACIÓN

La evaluación se entiende como parte integrante del proceso de enseñanza y aprendizaje y tiene como función obtener información para tomar decisiones, reflexionar, planificar y reajustar la práctica educativa para mejorar el aprendizaje de todos los escolares. En este sentido, la evaluación no se centra en la medición de rendimientos, ni puede entenderse como responsabilidad exclusiva de cada profesor. De ahí que sea tan importante adoptar en la programación didáctica acuerdos comunes para toda la etapa y concretarlos en cada curso.

Estos acuerdos son un **referente imprescindible que el profesorado habrá de considerar para garantizar que las actividades de evaluación incluidas en las unidades didácticas guarden coherencia con dichas decisiones y cumplan con los principios de una buena evaluación: objetiva, coherente e imparcial evitando que se produzcan agravios comparativos entre alumnos y profesores**. En la unidad didáctica deben explicitarse:

• **Criterios de evaluación**: están referidos a los objetivos didácticos y a los contenidos mínimos precisados entre todos los propuestos. En la formulación de los criterios debe especificarse claramente un grado o nivel de realización vinculado a los objetivos y a los contenidos mínimos.

- **Procedimientos de evaluación**: engloban a las técnicas e instrumentos que se emplearán en razón de los diferentes tipos de evaluación, la naturaleza propia de cada uno de los criterios de evaluación, las actividades específicas de evaluación previstas, las características individuales de los alumnos (*atención a la diversidad*), la naturaleza de los contenidos, etc.

- **Actividades específicas de evaluación**: son las actividades que de manera expresa se van a planificar para obtener información y tomar decisiones relativas a los diferentes aspectos que configuran el proceso de enseñanza-aprendizaje previsto en la unidad didáctica: *adecuación de los elementos del currículo, rendimiento de los alumnos, actividad docente…*

- **Criterios de calificación**: permiten establecer con la mayor objetividad posible el rendimiento alcanzado por los alumnos.
La información que se deriva de la evaluación servirá al docente para reajustar el proceso de enseñanza y al alumno para ir tomando conciencia de su progreso.

Una cuestión que hay que tener en cuenta a la hora de evaluar es la percepción del propio alumnado sobre los nuevos conocimientos adquiridos, sobre el esfuerzo empleado para ello. Programar y desarrollar actividades de autoevaluación no sólo le permitirá al profesorado realizar una evaluación más completa de los procesos de enseñanza y aprendizaje, sino que, además, contribuirá a que el alumnado vaya adquiriendo recursos que le permitan la autocrítica y valoración de su actividad escolar, afianzando así la autonomía y la capacidad de aprender a aprender. A continuación, se indican algunas **orientaciones que pueden ser útiles a la hora de caracterizar la evaluación** durante el proceso de elaboración de las unidades didácticas:

- Es importante planificar actividades de evaluación que permitan al profesorado conocer cuáles son los **conocimientos previos del alumnado** en relación a los contenidos que se van a trabajar, lo cual servirá para comenzar a trabajar sobre la unidad didáctica.

- Es fundamental que se determinen los **requisitos previos** para que el alumnado pueda trabajar adecuadamente una determinada unidad didáctica. Si el alumnado carece de ellos será preciso trabajarlos, diseñando actividades previas.

- Al diseñar las actividades de evaluación hay que tener presente que éstos han de hacer referencia a los **contenidos nucleares**, incorporando sólo para determinados alumnos otras actividades de carácter complementario. En cualquier caso, siempre habrán de estar directamente vinculados con aquellos aspectos de la unidad didáctica que han sido trabajados en el aula.

- Las **actividades e instrumentos de evaluación han de ser lo más diversos posibles** y llevarse a cabo a lo largo del desarrollo y finalización de toda unidad didáctica, mediante recursos como: observación directa, cuaderno de trabajo, pruebas escritas (*abiertas, cerradas y múltiples*), etc.

Las **técnicas e instrumentos de evaluación** que utilicemos en la unidad didáctica deben cumplir algunos criterios:
- Ser variados.
- Proporcionar información concreta sobre lo que se pretende.
- Utilizar distintos códigos de modo que se adecuen a las distintas aptitudes, necesidades y estilos de aprendizaje de los alumnos.
- Ser aplicables en situaciones habituales de la actividad escolar.
- Permitir evaluar la transferencia de los aprendizajes a contextos distintos de aquellos en los que se han adquirido.
- Poderse utilizar en situaciones de autoevaluación y de coevaluación.

De cara a evaluar el diseño de las unidades, hay que considerar los siguientes aspectos:

• Si las unidades recogen las **capacidades** que se ha decidido desarrollar, es decir, si guardan coherencia con los **objetivos** y se han trabajado las **competencias básicas** de forma interrelacionada.

• Si en las unidades se establece una **secuencia de aprendizaje adecuada** (se acota el tema, se parte de las ideas previas de los alumnos, se comparten los objetivos de aprendizaje, se realiza un plan de trabajo, se prevé la actividad reflexiva por parte del alumnado...).

• Si las actividades permiten **distintos ritmos en su ejecución** y, por tanto, grados diferentes de desarrollo de las capacidades y competencias.

• Si los **recursos didácticos** y las **situaciones de aprendizaje** programadas guardan coherencia con los principios metodológicos por los que se ha optado.

• Si existe una **presencia equilibrada de los diferentes tipos de contenidos** (conceptos, procedimientos y actitudes).

• Si la unidad prevé **instrumentos de evaluación** que permitan al profesorado obtener información sobre el proceso de aprendizaje de sus alumnos, sobre el proceso de enseñanza e incitar al alumnado reflexionar sobre su propio aprendizaje.

La propuesta de unidades didácticas que finalmente componga la programación promoverá, a través de un desarrollo planificado de las mismas, la construcción del conocimiento a partir de secuencias de aprendizaje que permitan ir adquiriendo hábitos, consolidando destrezas, elaborando nociones, ampliando contextos...

Para lograr, en definitiva, el desarrollo equilibrado de todas las capacidades del alumnado. **Las unidades han de ser suficientemente flexibles para que, en su puesta en práctica, puedan realizarse las modificaciones necesarias que un determinado grupo demande.**

7. ATENCIÓN A LA DIVERSIDAD

Para atender a las diferentes necesidades que los alumnos presentan dentro de un mismo grupo, la unidad didáctica debe ser lo suficientemente **flexible** como para permitir que los mismos objetivos se consigan a través de las adaptaciones oportunas en los diferentes elementos que la integran: *actividades, recursos, metodología, agrupamientos, temporalización...*

Esto significa que dentro de ella, tanto para algún grupo de alumnos como para un alumno individualmente, se planifiquen las modificaciones más adecuadas para ellos. Cuando la mera modificación de los elementos no prescriptivos del currículo no sea suficiente para responder a sus necesidades educativas, habrá que pensar en modificar los elementos prescriptivos (*objetivos, contenidos y criterios de evaluación*).

Finalmente, la especificidad, importancia o permanencia a lo largo del tiempo de determinadas necesidades educativas especiales, llevará a considerarlas no solamente en el ámbito de las unidades didácticas, sino buscarles una respuesta más general en relación con la programación didáctica (adaptaciones curriculares significativas).

CONCLUSIONES

Una vez visto cómo se elabora y se diseña una unidad didáctica podemos concluir que las unidades didácticas son un elemento indispensable dentro de los modelos curriculares, y que estas unidades se corresponden con el último nivel de concreción. La correcta elaboración y diseño tiene que tener en cuenta varios aspectos fundamentales como son: coherencia, adecuación a las características del grupo clase a la que va diseñada y diseño y elaboración de los diferentes apartados que la componen desde un enfoque pedagógico. En relación a estos factores, es necesario resaltar la necesidad de un diseño de unidades didácticas donde los diferentes elementos que la integran (objetivos, contenidos, metodología, evaluación...) estén adaptados y elaborados a partir de las características y el nivel de los alumnos (tanto el nivel que cabe esperar, de acuerdo a su nivel educativo y madurativo, como el real que los alumnos manifiestan).

De esta manera podremos lograr unidades coherentes que respondan a los objetivos propuestos y que sirvan de evaluación real de los aprendizajes conseguidos así como de herramienta de evaluación de la propia práctica docente, mostrando aquellas actividades o metodología que mejor funciona en cada situación. Por ello, el correcto diseño y temporalización de las unidades didácticas no sólo contribuyen a elaborar un buen documento programático, sino que mejoran nuestra labor docente y contribuyen a mejorar la práctica educativa.

ANEXOS

ÍNDICE PROGRAMACIÓN

1. **INTRODUCCIÓN**
   1.1. Filosofía pedagógica de la programación: fines y principios de la LOE y de la Comunidad autónoma en cuestión. Generar objetivos de la programación que se caractericen por su viabilidad, flexibilidad y adaptabilidad al contexto.
2. **CONTEXTUALIZACIÓN**
   2.1. Zona socio-educativa (aspectos culturales, económicos, inmigración…)
   2.2. Tipología del alumnado.
   2.3. Infraestructuras y recursos del centro educativo (Biblioteca, Salón de actos, Laboratorios…)
   2.4. Tipología del Profesorado.
   2.5. Marco legislativo fundamental. (Ley, Decreto, Orden o Instrucción de funcionamiento de la Comunidad en cuestión).
3. **OBJETIVOS: ETAPA/ÁREA**
   3.1. Estrategias para la consecución de objetivos.
   3.2. Objetivos (Consultar el Decreto correspondiente de la Comunidad en la que el opositor se vaya a presentar)
4. **COMPETENCIAS BÁSICAS**
   4.1. Delimitación de las competencias y contribución de la materia a la adquisición de las competencias básicas.
   4.2. Interrelación de las competencias básicas con otros elementos del proceso de enseñanza-aprendizaje (contenidos, metodología y evaluación). Sirve citar que están relacionadas con otros elementos del currículo.
   4.3. Selección de las competencias básicas más relacionadas y propuesta metodológica para su consecución.

5. **CONTENIDOS (Organizados en 12-15 Unidades Didácticas)**
   5.1. Criterios de secuenciación del currículo. (Días lectivos del curso en cuestión)
   5.2. Programación temporal de las unidades didácticas.
   5.3. Relación de las unidades didácticas (Preferentemente de un folio cada una; ver modelo de unidad didáctica para la programación)
6. **METODOLOGÍA**
   6.1. Estrategias metodológicas para la asignatura que se programa. Principios metodológicos en los que se inspira la práctica educativa. Tipología de las actividades y del proceso de enseñanza-aprendizaje.
   6.2. Estrategias para el fomento de la creatividad y el respeto en el aula como base del proceso de enseñanza.
   6.3. Gestión de espacios.
   6.4. Gestión del tiempo.
   6.5. Materiales y recursos y su aplicación.
   6.6. Las TIC/NNTT. Programas y recursos basados en nuevas tecnologías con su aplicación didáctica y su justificación de los objetivos, capacidades y contenidos que desarrollan.
7. **ATENCIÓN A ALUMNOS CON NECESIDAD DE APOYO ESPECÍFICO**
   7.1. Medidas ordinarias.
   7.2. Medidas extraordinarias.
8. **EVALUACIÓN**
   8.1. Criterios de evaluación.
   8.2. Criterios de calificación.
   8.3. Criterios de corrección.
   8.4. Criterios de promoción.
   8.5. Instrumentos de evaluación.
   8.6. Procesos de recuperación.
   8.7. Plan de recuperación para alumnos con la materia pendiente de otros cursos.

9. **LA EDUCACIÓN EN VALORES**
   9.1. Principios de la educación en valores en la práctica educativa.
   9.2. Estrategias metodológicas y organizativas para su consecución (Días de...)
   9.3. La educación en valores en las UUDD.
   9.4. Proyectos y jornadas para la promoción de la educación en valores.
10. **INTERDISPLINARIEDAD (EL TRABAJO COLABORATIVO)**
    10.1. Estrategias para un trabajo colaborativo de las competencias básicas con departamentos afines.
    10.2. Propuesta de contenidos para su trabajo interdisciplinar y metodología asociada (Trabajos...)
11. **PLAN DE FOMENTO DE LA LECTURA ASOCIADO A LA MATERIA**
    11.1. Estrategias para el fomento de la lectura asociado a la materia (Selección de lecturas o libros preferentemente que desarrolle contenidos del área y haya alguna vez lectura comprensiva dentro del aula).
12. **ACTIVIDADES EXTRAESCOLARES Y COMPLEMENTARIAS**
    12.1. Selección de actividades con su justificación pedagógica.
    12.2. Documento que valora la actividad y su viabilidad para otro curso.
13. **PROYECTOS REGIONALES, NACIONALES O EUROPEOS** (Como complemento a la programación. Optativo)
14. **BIBLIOGRAFÍA, WEBGRAFÍA Y LEGISLACIÓN**
15. **ANEXOS**

REFERENCIAS BIBLIOGRÁFICAS

Álvarez, R. S. (1984). *Planificación del currículo*. Santiago de Chile: Editorial Universitaria.

Ander-Egg, E. (1995). *Técnicas de investigación social* (24º ed.). Buenos Aires: Lumen.

Beltrán, F., San Martín, A. (2000). *Diseñar la coherencia escolar*. Madrid: Morata.

Apple, M. W. (1986). *Ideología y currículo*. Madrid: Akal.

Bell, L. (1991). Approaches to the Profesional Development of Teachers. En Bell, L. y Day, C. (comp.), *Managing the Professional Development of Teachers* (pp. 3-22). Milton Keynes: Open University Press.

Biddle, B.J. et al. (2000). *La enseñanza y los profesores, I. La profesión de enseñar*. Barcelona: Paidós.

Bolívar, A. (1999). *Cómo mejorar los centros educativos*. Madrid: Síntesis.

Bolívar, A. (2000). *Los centros educativos como organizaciones que aprenden: promesa y realidades*. Madrid: La Muralla

Burden, P. R. (1990). Teacher Development. En Houston, W. R. (ed.), *Handbook of Research on Teacher Education* (pp. 311-328). London: Collier Macmillan Publishers.

Darling-Hammond, L. (1997). *Doing what matters most: Investing in quality teaching*. New York: National Commission on Teaching & America's Future.

De Pablo, P. et al. (1992). *Diseño del currículum en el aula. Una propuesta de autoformación*. Madrid: Mare Nostrum Ediciones didácticas.

Díez, E. J. y Domínguez, G. (1996). La cultura de las organizaciones educativas: Bases para el desarrollo de procesos de innovación y cambio. En Cantón, I. (coord.), *Manual de Organización de Centros Educativos* (pp. 81-120). Barcelona: Oikos-tau.

Escudero Muñoz, J. M. (1982). *Cómo formular objetivos operativos*. Madrid: Cincel-Kapelusz.

Fullan, M. (2001). *Leading in a Culture of Change*. San Francisco: Jossey-Bass.

Fullan, M. (2009). *The challenge of change: start school improvement now!* Corwin: Thousand Oaks Calif.

González González, M. T. (1990). Investigación en Organización Escolar: el análisis de la cultura organizativa. *Anales de Pedagogía, 8*, 41-51.

Gairín, J. (1996). Organización de instituciones educativas. Naturaleza y enfoques. En: Gairín, J. *Manual de organización de instituciones educativas*. Madrid: Escuela Española.

García, E. (1932). Preparación y ejecución del trabajo escolar. *Publicaciones de la Revista de Pedagogía*. Madrid.

Garmston, R. J. (1987). How Administrators Support Peer Coaching. *Educational Leadership, 44* (5), 18-26.

Gimeno, J. y Pérez Gómez, A.I. (1983). *La enseñanza: su teoría y su práctica*. Madrid: Akal.

Gimeno, J. (1988). *El currículum: una reflexión sobre la práctica*. Madrid: Morata.

Gimeno, J. (1992). Diseño del currículum, diseño de la enseñanza. Ámbitos de de diseño, en J. Gimeno y A. Pérez: *Comprender y transformar la enseñanza* (pp. 224-333). Madrid: Morata.

González, M.T. (2003). *Organización y gestión de centros escolares. Dimensiones y procesos*. Pearson. Madrid.

Guarro, A. y Marrero, J. (1992). Currículum y diseño curricular, en *Fundamento de los diseños en Canarias*. Santa Cruz de Tenerife: Gobierno de Canarias.

Hargreaves, A. (1992). *Understanding teacher development*. New York: Teachers College Press.

Hargreaves, A. (1996). *Profesorado, cultura y postmodernidad. Cambian los tiempos, cambia el profesorado*. Madrid: Morata.

Imbernón, F. (1994). *La formación del profesorado*. Barcelona: Paidós Ibérica.

Kruse, S. D. y Louis, K. S. (1997). Teacher teaming in middle schools: Dilemmas for a schoolwide community. *Educational Administration Quarterly, 33*(3), 261-289.

Leask, M. y Terrell, I. (1997). *Development planning and school improvement*. Leonard, P. (1998): Understanding collaborative cultures: Examining values and inhibitors. *Annual Conference of the American Educational Research Association*, San Diego.

Leithwood, K. (1998). *Organizational learning in schools*. Netherlands: Exton PA: Swets & Zeitlinger Publishers.

Liston, D. y Zeichner, K. (1991). *Teacher education of the social conditions of schooling*. New York: Routledge.

López Yáñez, J. (1995). La cultura de la institución escolar. *Investigación en la Escuela, 26*, 25-35.

Marcelo, C. (2001). *La función docente*. Madrid: Síntesis.

Martín García, X. (2006). *Investigar y aprender: cómo organizar un proyecto.* Barcelona: ICE-UB.

Martín-Moreno, Q. (1996). *Desarrollo organizativo de los centros educativos basado en la comunidad.* Madrid: Sanz y Torres.

Martín-Moreno C., Q. (2001). La escuela como espacio de trabajo de los profesores. En Marcelo, C. (Ed.) *La función docente* (pp. 141-170). Madrid: Síntesis.

Martín-Moreno, Q. (2007). *Organización y Dirección de Centros Educativos Innovadores. El Centro Educativo Versátil.* Madrid: Editorial McGraw-Hill.

McLachlan, C. (2010). *Early childhood curriculum: planning, assessment, and implementation.* Cambridge; Port Melbourne: Cambridge University Press.

McLaughlin, M. y Talbert, J. (2001). *Professional Communities and the Work of High School Teaching.* Chicago: University of Chicago Press.

MEC (1989). *Libro Blanco para la Reforma del Sistema Educativo.* Madrid: MEC

MEC (1992). *Materiales para la reforma de la Educación Primaria. Cajas Rojas.* Madrid: MEC.

MEC (1992). *Materiales para la reforma de la Educación Secundaria. Cajas Rojas.* Madrid: MEC.

Newman, D., Griffin, P. y Cole, M. (1991). *La zona de construcción del conocimiento: Trabajando por un cambio cognitivo en educación.* Madrid: Morata.

Otano, L. (1999). Los retos de esta transición. *Cuadernos de Pedagogía, 282*, 52-57

Perrenoud, P. (2006). *El oficio del alumno y el sentido del trabajo escolar.* Madrid: Popular.

Rivas, F. (2003). *El proceso de enseñanza/aprendizaje en la situación educativa.* Barcelona: Ariel.

Rodríguez Diéguez, J. (1986). *La programación del curso escolar.* Madrid: Escuela Española.

Rodríguez Diéguez, J. (2001). *La jerga de la reforma educativa.* Barcelona: Editorial Ariel.

Rodríguez Diéguez, J. (2004). *La programación de la enseñanza. El diseño y la programación como competencias del profesor.* Málaga: Aljibe.

Rodríguez Ortega, N. (2008). *Acción tutorial reflexión y práctica: una experiencia de interacción docente en la Universidad de Málaga.* Málaga: Servicio de Innovación Educativa Universidad de Málaga.

Rotger Amengual, B. (1980). *Cómo elaborar un plan de trabajo práctico y preparar a diario la actividad escolar*. Madrid: Escuela española.

Ruiz, J.M. (2000). *Teoría del currículum: diseño, desarrollo e innovación curricular*. Madrid: Universitas.

Rul, J. (1990). El projecte de gestió del centre educatiu. Eines de gestió. Departament d'Ensenyamenet de la Generalitat de Catalunya. Barcelona.

Saavedra Fanjul, C. (2007). *Currículo: Educación Secundaria Obligatoria*. Oviedo: Consejería de Educación y Ciencia Servicio de Ordenación Académica.

Santos Guerra, M. A. (2000). *La escuela que aprende*. Madrid: Morata.

Sevillano García, M.ª L., Profanter, A.M., Salgado, C. y Vázquez-Cano, E. (2014). *Espacio europeo de educación inicial, media, superior y permanente*. Madrid: Ediciones Académicas-UNED.

Sevillano García, M.L. (2004): *Didáctica en el siglo XXI. Ejes en el aprendizaje y enseñanza de calidad*. Madrid: McGraw-Hill.

Sevillano García, M.L. (2004). *Estrategias innovadoras para una enseñanza de calidad*. Madrid: Pearson Educación.

Sevillano García, M.L. (2007). *Investigar para innovar en enseñanza*. Madrid: Pearson educación.

Sevillano García, M. L. (2008). *Estrategias Innovadoras para una Enseñanza de Calidad*. Madrid: Pearson.

Shipman, M. D. (1973). *Sociología escolar*. Madrid: Morata.

VanTassel-Baska, J. (2010). *Content-based curriculum for high-ability learners*. Waco TX: Prufrock Press.

Vázquez-Cano, E. y Martín-Monje, E. (2014). *Nuevas tendencias para la elaboración y edición de materiales audiovisuales en la enseñanza de lenguas*. Madrid: McGraw-Hill-Interamericana.

Vázquez-Cano, E. (2012*). Caos, Complejidad y tecnologías en el centro educativo*. Madrid: Saarbrücken: Editorial Académica Española.

Vázquez-Cano, E. (2012). *Modelos de organización, dirección y liderazgo escolar*. Saarbrücken: Editorial Académica Española.

Vázquez-Cano, E., Sevillano, M.ª L. y Méndez, M.A. (2011). *Programar en Primaria y Secundaria*. Madrid: Pearson.

Vázquez-Cano, E. y Sevillano, M.ª L (2011). *Educadores en Red. Elaboración de materiales audiovisuales para la enseñanza*. Madrid: Ediciones Académicas-UNED.

Vázquez-Cano, E. (2011). *Las nuevas tecnologías en la Organización de centros educativos*. Saarbrücken: Editorial Académica Española.

Vázquez-Cano, E. (2011). *Guía para la elaboración de programaciones didácticas y unidades didácticas*. Madrid: CEDE.

Vázquez-Cano, E. (2011). Programación Didáctica para la Oposición de Lengua Castellana y Literatura en formato CD-ROM. Madrid: CEDE.

Vázquez-Cano, E. (2006). *La Programación didáctica: Teoría y Práctica*. Granada: Grupo Editorial Universitario.

Yinger, R.S. (1986): Investigación sobre el conocimiento y pensamiento de los profesores. Hacia una concepción de la actividad profesional. En Villar Angulo, L. M. (ed.): *Pensamiento de los profesores y toma de decisiones* (pp. 113-142). Publicaciones de la Universidad de Sevilla. Sevilla.

Zabalza Beraza, M. A. (2004): *Diseño y desarrollo curricular*. Madrid: Narcea.

www.ingramcontent.com/pod-product-compliance
Lightning Source LLC
Chambersburg PA
CBHW060030180426
43196CB00044B/2223